Judith Metz • Margit Franz (Hrsg.)

Partizipation
im Kita-Alltag leben

Schön, dass du da bist!

Begrüßung und Abschied in Krippe und Kita miteinander gestalten

Impressum

ISBN: 978-3-96046-272-9

Partizipation im Kita-Alltag leben
Schön, dass du da bist!
Begrüßung und Abschied in Krippe und Kita miteinander gestalten

Redaktion	Myriam Bork
Autorin	Judith Metz
Herausgeberin	Margit Franz
Gestaltung und Satz	DOPPELPUNKT, Stuttgart
Druck	Grafik Media Produktionsmanagement, Köln

Klett Kita GmbH
Rotebühlstr. 77
70178 Stuttgart
www.klett-kita.de

Bildnachweis

Judith Metz: S. 7, S. 9, S. 14, S. 17, S. 23, S. 33, S. 36, S. 43, S. 45, S. 46, S. 50, S. 55, S. 58, S. 59, S. 61, S. 62, S. 66, S. 69, S. 70, S. 72, S. 73, S. 74, S. 76, S. 79

Margit Franz: S. 44, S. 47, S. 53, S. 71, S. 73, S. 77, S. 75

Gettyimages: S. 16: Nuthawut Somsuk | S. 19: VioletaStoimenova | S. 27: Rudzhan Nagiev | S. 28: Mykyta Dolmatov | S. 29: SeventyFour | S. 31: MINIWIDE | S. 77: Catherine McQueen

Cover: Gettyimages/fotostorm

Inhalt

Vorwort

Liebe Leserinnen und Leser,

was zunächst sehr einfach klingt – Begrüßung und Abschied – ist bei genauer Betrachtung ein komplexes Geschehen und anspruchsvolles Thema. Wie freundlich werden Eltern und Kinder morgens begrüßt und nachmittags verabschiedet? In welcher Weise werden Kinder in ihren Abschiedsritualen unterstützt? Wie begleiten wir Kinder beim Ankommen in der Kita?

Die Fragen verdeutlichen die Bedeutsamkeit der Schlüsselsituationen, deren Gestaltung weder dem Zufall noch der individuellen Praxis einer jeden Fachkraft überlassen werden sollte. Idealerweise hat sich ein Team darüber verständigt, mit welcher pädagogischen Qualität diese Situationen gestaltet werden sollen.

Aus Sicht eines Kindes ist der täglich stattfindende Übergang von zu Hause in die Kita – und in umgekehrter Weise – ein Wechsel zwischen völlig unterschiedlichen Welten. Erstaunlich und bewundernswert, wie souverän bereits junge Kinder zwischen diesen Welten nahezu täglich pendeln.

Insbesondere der Abschied von ihren Eltern stellt manche Kinder vor eine herausfordernde Entwicklungsaufgabe. Auch das Abschiednehmen muss geübt werden – nicht nur von Kindern, auch von Eltern. Aufgabe von Fachkräften ist es, diese wichtigen Prozesse achtsam zu begleiten. Als Fachkraft stärken Sie Kinder und Eltern, wenn Sie Unsicherheiten wahrnehmen und Ihre Unterstützung anbieten – so viel wie nötig, so wenig wie möglich.

Ich bedanke mich herzlich bei Judith Metz für dieses überaus wichtige Buch zu einem tendenziell vernachlässigten Thema. Als erfahrene Erzieherin, Kita-Leitung und Referentin hat sie grundlegende pädagogische Überlegungen und praktische Ideen zusammengetragen. Ich wünsche diesem Buch, dass es das Thema „Begrüßung und Abschied" stärker in den Fokus der Pädagogik und Praxis in Kitas rückt.

Margit Franz
Im Juni 2024

Hallo und Tschüss – jeden Kita-Tag **aufs Neue**

Guten Morgen!
Schön, dass du da bist!

Kinder sind von Geburt an neugierig – bereit, Neues zu lernen, mit ihrer Umwelt in Kontakt zu gehen, sich zu binden und Beziehungen einzugehen. Sie brauchen dazu ein Umfeld, in dem sie sich sicher und geborgen fühlen und in dem ihre Bedürfnisse erkannt und befriedigt werden. Die primären Bindungspersonen, meist Mutter oder Vater, sind die sichere Basis für das Kind. Mit dem Gefühl, dass die Bindungsperson anwesend und verfügbar ist, wendet sich das Kind Neuem zu und erforscht seine Umwelt. Fühlt sich das Kind bedroht, unsicher oder verängstigt, sucht es Schutz bei der Bindungsperson und zeigt vermehrtes Bindungsverhalten. Dies gilt im Kontext der Familie und gleichzeitig auch für die Bezugspersonen in der Kindertageseinrichtung.

Eingewöhnung als Fundament

Um diese sensiblen Phasen zu begleiten und Kinder zu unterstützen, Vertrauen in die neue Umgebung aufzubauen, führen Kitas nach unterschiedlichen Modellen Eingewöhnungsphasen durch. Die Erfahrung hat gezeigt, dass Kinder, die Tempo und Dauer der Eingewöhnungsphase mitbestimmen können, sich sicherer in der neuen Lebenswelt Kita bewegen als Kinder, die durch Zeit und Erwartungsdruck von außen, wie zum Beispiel Start der Berufstätigkeit der Eltern, gedrängt werden. Hier ist die innere Haltung der pädagogischen Fachkräfte von Bedeutung, die auch dadurch sichtbar wird, wie sie mit den Eltern kommunizieren. Fachkräfte und Eltern können kein Kind eingewöhnen, diese Anpassungsleistung muss allein das Kind leisten. Die Erwachsenen begleiten das Kind dabei und ihre Zusammenarbeit ist eine wichtige Stütze in diesem Prozess.

Täglich neue Trennungen

Nach dieser ersten großen Trennung von den Eltern bewältigt das Kind jeden Tag aufs Neue Trennungen: Denn auch nach der Eingewöhnungszeit stellt der Übergang von zu Hause in die Kita eine tägliche Herausforderung für alle Beteiligten dar. Eltern wollen ihr Kind einerseits „retten", wenn es vermehrtes Bindungsverhalten zeigt und nicht in der Kita bleiben will, andererseits sind sie aufgefordert, das Kind zu ermuntern, in der Kita zu bleiben, obwohl die Eltern vielleicht selbst mit Trennungsängsten zu kämpfen haben. Keine leichte Aufgabe.

Achtsame Begleitung der Kinder

Auch das Ende eines Kita-Tags bedeutet Trennungen von den Fachkräften, Spielpartner:innen, den vertrauten Kita-Räumen, das Wiedersehen mit den Eltern, den Übergang in den privaten Teil des Tages. Damit alle Beteiligten mit diesen Situationen umgehen können, ist es besonders wichtig, dass Fachkräfte die Begrüßung des Kindes und seiner Eltern am Anfang des Kita-Tages und den Abschied vom Kind am Ende des Kita-Tages achtsam und einfühlsam planen, begleiten, unterstützen und reflektieren.

In diesem Buch finden Sie theoretische Grundlagen und wissenschaftliche Erkenntnisse, viele Praxisbeispiele und Impulse, Methoden, Reflexionswerkzeuge und Tipps, um Kinder und ihre Familien beim Start in den Kita-Tag und beim Abschied von ihm gut zu begleiten.

Begrüßung und Abschied achtsam planen und gestalten

Immer mehr Kinder verbringen einen großen Teil des Tages außerhalb ihrer Kernfamilie. Nahezu alle Kinder über drei Jahren und ca. ein Drittel aller Kinder unter drei Jahren besuchen in Deutschland eine Kindertageseinrichtung, Tendenz steigend. Je nach gebuchtem Modul kann die tägliche Betreuungs- und damit verbundene Trennungssituation der Kinder von ihren Eltern bis zu zehn Stunden andauern. Bei aller Neugier und Vorfreude auf einen spannenden Tag mit anderen Kindern ist der tägliche Abschied von den Eltern am Morgen mit starken Gefühlen verbunden. Das fällt häufig nicht nur Kindern, sondern auch Eltern schwer.

Randzeiten sind sensible Zeiten

Besonders die Randzeiten, also die frühe morgendliche Bringzeit (07:00 bis 08:00 Uhr) und die letzte Öffnungsstunde (meist von 16:00 bis 17:00 Uhr) sind sensible Zeitfenster im Tagesablauf. Beim Ankommen in der Kita ist das Kind vielleicht noch müde, weil es geweckt wurde. Vielleicht war der Morgen zu Hause konfliktreich oder es herrschte Zeitdruck. Lieblingsspielpartner:innen sind vielleicht (noch) nicht da und es kann sein, dass die Lieblingserzieherin nicht im Dienst ist. Beim Abholen am späten Nachmittag sind die meisten Kinder bereits abgeholt und die Lieblingsfachkraft hat möglicherweise bereits Dienstschluss. Dennoch wird von dem Kind erwartet, dass es sich an die vorhandenen Strukturen anpasst. Eine hohe Anforderung! Gerade die Randzeiten dürfen nicht nur „abgedeckt" werden, sondern sollten an den Bedürfnissen der Kinder orientiert geplant und begleitet werden. Damit dies gelingen kann, muss der Dienstplan der Kindertageseinrichtung so organisiert sein, dass gerade hier genügend Zeit und Personal für die Gestaltung der sensiblen Bring- und Abholphasen vorgehalten wird.

In Deutschland besuchen 90,9 % der Kinder **zwischen dem 3. Lebensjahr und der Einschulung** eine Kindertageseinrichtung, das entspricht 3,9 Millionen Kinder. Insgesamt gibt es 60.045 Kindertageseinrichtungen. Die Betreuungsquote bei Kindern **unter drei Jahren** beträgt 36,4 %, das entspricht 856.600 Kindern. Die Zahl der Tageseltern sinkt im dritten Jahr in Folge, während das Personal in den Kindertageseinrichtungen einen Zuwachs um 3,2 % gegenüber dem Vorjahr verzeichnet. (Quelle: DESTATIS, Statistisches Bundesamt, Kindertagesbetreuung, Pressemitteilung Nr. 382 vom 27.09.2023)

Begrüßung und Abschied sind Schlüsselsituationen

Jeder Fachkraft sollte bewusst sein, dass Begrüßung und Abschied *Schlüsselsituationen* sind. Schlüsselsituationen sind Situationen im Alltag von Kindern, in denen Kinder beispielhaft „im Jetzt" lernen und die erworbenen Kompetenzen im späteren Leben auf ähnliche Situationen anwenden können. Ausschlaggebend sind die persönliche Betroffenheit des Kindes, seine subjektive Wahrnehmung und sein Empfinden. So wird ein und dieselbe Situation bei unterschiedlichen Kindern auch unterschiedliche Betroffenheit hervorrufen und auf unterschiedliche Resonanz stoßen. (Vgl. Virnkaes 2013, S. 1)

Was braucht jedes Kind individuell?

Die Bewältigung von Ankommen und Abschied erlebt jedes Kind, jede Familie individuell. Für das eine Kind ist es das allererste Mal, dass es von seinen primären Bindungspersonen getrennt ist und allein in einer fremden Umgebung mit fremden Menschen zurechtkommen muss. Vielleicht ist es so sehr mit seiner Trauer beschäftigt, dass es sich nicht auf Kontaktangebote der Fachkraft einlassen kann. Mit der morgendlichen Begrüßung gestalten Sie diese Situation bewusst und unterstützen das Kind im Übergang. Begrüßen Sie jedes Kind und seine Eltern individuell mit Namen und mit einem Lächeln. Die achtsame und einfühlsame Begleitung, das Benennen der Gefühle des Kindes und klares Verhalten der Erwachsenen unterstützen das Kind und geben ihm das Gefühl „Hier werde ich gesehen und bin sicher". Auch wenn Eltern manchmal in Eile sind, strahlen Sie auf diese Weise Zuwendung, Ruhe und Freundlichkeit aus.

An der Erfahrung lernen

In der Interaktion mit Erzieherin Sandra entwickelt Marie Emotions- und Stressregulationskompetenzen, die Sicherheit bieten und Exploration, Lernen und Partizipation ermöglichen. Dabei entwickelt sie ein Bild von sich selbst als Individuum und gleichzeitig als Teil des sozialen Gefüges. Marie erlebt, dass jedes Kind die Ankommens- und Abschiedssituation unterschiedlich gestalten kann und nicht auf Gleichheit bestanden wird. Marie hat die Möglichkeit, die Trennungssituation ko-konstruktiv mitzugestalten, indem sie Sandra ihr Bedürfnis nach Nähe und Trost, gleichzeitig auch ihr Bedürfnis nach Exploration zeigt und Sandra darauf reagiert. Marie wird dieses Erfahrungslernen verinnerlichen und in ähnlichen Situationen darauf zurückgreifen.

Kinder werden beteiligt

Situation und Raum sollten so gestaltet werden, dass Sie das Kind bei der Bewältigung dieser Herausforderung pädagogisch begleiten und unterstützen können. Dabei sollte das Kind möglichst viel mitgestalten können, damit es sich als handelndes Subjekt erfährt, das auf die Welt Einfluss nehmen kann. Das *Recht des Kindes auf Beteiligung* heißt, das tägliche Geschehen und die Abläufe an den Bedürfnissen der Kinder zu orientieren und die Kinder entwicklungsangemessen zu beteiligen. Um pädagogische Schlüsselsituationen kindgerecht zu gestalten, müssen Fachkräfte im Team und mit Kindern klären, welche Gefühle diese in den jeweiligen Situationen empfinden – und dann auf die Bedürfnisse der

Praxisbeispiel

„Mama, du sollst hierbleiben!"

Die dreijährige Marie besucht seit einigen Wochen die Kita. Bevor sie in der Kita aufgenommen wurde, konnte Marie wegen der Pandemieregeln wenig Erfahrungen mit Übergangssituationen sammeln. Meistens war sie mit ihrer Familie im vertrauten Zuhause zusammen. Die Trennung von ihren Eltern am Morgen fällt ihr schwer. Marie ist traurig, sie weint und klammert sich an ihre Mutter. „Guten Morgen, Marie – schön, dass du da bist, und schön, dass deine Mama da ist", begrüßt Erzieherin Sandra die beiden. „Mama, du sollst hierbleiben!", fordert das Mädchen. „"Aber Marie, ich muss doch zur Arbeit. Nach dem Mittagessen hole ich dich ab, das weißt du doch!", versucht die Mutter, ihre Tochter zu trösten. „Du gehst jetzt zu Sandra und ich fahre zur Arbeit. Tschüs, Marie!" Marie gibt durch das Hochreichen ihrer Arme Sandra zu verstehen, dass sie hochgenommen werden möchte. „Soll ich dich tragen?", fragt Sandra, nimmt die weinende Marie auf den Arm und geht mit ihr zum Winkefenster. Marie weint noch immer. „Schau, da steigt deine Mama in ihr Auto. Jetzt macht sie die Türe zu und fährt zur Arbeit. Tschüss, Mama – bis nach dem Mittagessen", sagt Sandra mit warmer Stimme zu Marie und streicht ihr über den Rücken. Sandra winkt der Mutter nach. Marie winkt auch, ihr Weinen lässt nach. Sandra wiegt Marie ein wenig und fragt dann: „Wollen wir uns mit den anderen Kindern ein Bilderbuch anschauen?" Marie nickt und Sandra stellt sie auf ihre Beine. Marie hält sich noch ein wenig an Sandras Finger fest. Dann geht sie zum Bücherregal, holt ein Buch und sagt zu Sandra: „Das da!"

Kinder eingehen. Das „Ankommen und die Begrüßung am Morgen beeinflussen den Start in den Kita-Tag. Auf jedes Kind individuell einzugehen und es abzuholen, gehört zu den pädagogischen Herausforderungen. Dafür sind feste Rituale zur Orientierung notwendig – und – das bevorstehende Ende des Kita-Tages wird zusammen mit den Kindern gestaltet, die Verabschiedung individuell begleitet" (Sußbauer 2023, S. 13).

Kleine Übergänge im Alltag

Kinder erleben die Situationen Begrüßung und Abschied nicht nur am Morgen oder Nachmittag, sondern auch in den kleinen Übergängen im Alltag, den sogenannten Mikrotransitionen (vgl. Gutknecht 2012). Damit sind alle Wechsel von Räumen, Aktivitäten und Personen, die von der einen Alltagsroutine in die andere leiten, gemeint. Die Kinder verabschieden die alte Situation und begrüßen die neue. In den Mikrotransitionen liegt ein großes Bildungspotenzial. Sind sie gut gestaltet, bieten sie eine Vielzahl an Lernerfahrungen. Das gilt im Übrigen für alle Menschen, nicht nur für Kinder. Denken Sie an Ihre Anfangszeit als Fachkraft in der Kita. Nach der offiziellen Begrüßung durch Träger, Leitung und Team begann der Alltag. Unzählige Mikrotransitionen mussten Sie selbst bewältigen – zum Beispiel den ersten Morgenkreis mit den Kindern zu gestalten. Sicherlich haben Sie sich aufgrund von vorherigen Erfahrungen darauf vorbereitet. Und sicherlich waren Sie stolz auf sich, wenn Sie mit den Kindern in Kontakt waren und gemeinsam gelernt, gelacht und gespielt haben. Diese positiven Erfahrungen haben Sie dann als Grundlage für den nächsten Morgenkreis genutzt oder bei negativen Erfahrungen Ihr Handeln reflektiert und angepasst.

Begrüßung und Abschied ist demokratische Bildung

Kinder sind von Geburt an Persönlichkeiten, die jedoch aufgrund ihrer Abhängigkeit den besonderen Schutz von Erwachsenen brauchen. Die Rechte des Kindes auf Schutz, Förderung und Beteiligung sind gesetzlich verankert und nicht an Bedingungen geknüpft. Diese Rechte müssen nicht erworben oder verdient werden, sie stehen jedem einzelnen Kind zu – dies sichern die Vertragsstaaten 1992 mit der Ratifizierung der UN-Kinderrechtskonvention zu. Kinder müssen zugleich geschützt und gefördert werden. Kinder müssen von Erwachsenen so begleitet werden, dass sie sich entsprechend ihren Fähigkeiten einbringen und zugleich ihre Fähigkeiten weiter ausbauen können. Kinder müssen vor Machtmissbrauch geschützt werden und sie müssen spüren, dass sie wichtig und richtig sind und sich als wertvollen Teil einer Gemeinschaft erleben.

Die besondere Rolle der Kita

Kindertagesbetreuung hat in unserer demokratisch verfassten Gesellschaft den Auftrag, bereits die jüngsten Kinder auf ein Leben in Vielfalt, gegenseitiger Anerkennung und Selbstbestimmung vorzubereiten. Als Mikrokosmos der Gesellschaft gibt es in Kindertageseinrichtungen viele Gelegenheiten, um Kindern Erfahrungen mit Demokratie und Teilhabe zu ermöglichen. Schon junge Kinder sollten die Erfahrung machen, dass ihre Bedürfnisse und Ideen ernst genommen werden und sie akzeptierter Teil einer sozialen Gemeinschaft sind. Das stärkt Kinder und unterstützt ihr Wohlbefinden. Als Begleiter:innen der Kinder sind pädagogische Fachkräfte entscheidende Zukunftsgestalter:innen.

Demokratie muss erlebt werden

Demokratie kann in Kindertageseinrichtungen, anders als in der Schule oder der Erwachsenenbildung, nicht gelehrt werden. Sie muss im Alltag für alle Beteiligten durch das Erleben von Zugehörigkeit in Vielfalt und die Möglichkeit von kindgerechter Beteiligung an den Prozessen der Lebenswelt erfahrbar sein. Kinder müssen Anerkennung, Wertschätzung und Beteiligung auf unterschiedliche Weise spüren und sich selbst darin erproben können. Das erfordert von pädagogischen Fachkräften eine bewusste Gestaltung der Umwelt sowie der zwischenmenschlichen Begegnungen entlang demokratischen Prinzipien. (Vgl. Durand & Birnbacher 2021, S. 17)

Partizipation ist in jedem Alter möglich

Jedes Kind hat das Recht, sich zu beteiligen, also bei allen Dingen, bei denen es um sie geht, „mitzumachen" und sich als Subjekt zu erleben: „Partizipation heißt, Entscheidungen, die das eigene Leben und das Leben der Gemeinschaft betreffen, zu teilen und gemeinsam Lösungen für Probleme zu finden" (Hansen, Knauer & Sturzenhecker 2011, S. 90). Bei einem Krippenkind könnte das in der Ankommenssituation sein, wenn es hilft, die Jacke an den Garderobenhaken zu hängen. Ein fünfjähriges Kind kann bereits in einem Perspektivwechsel überlegen, was dem Krippenkind helfen könnte, diese Herausforderung zu bewältigen.

Begrüßung und Abschied ist pädagogische Arbeit

Kinder morgens in Empfang zu nehmen, sollte nicht nebenbei passieren. Mit der morgendlichen Begrüßung gestalten Sie als pädagogische Fachkraft den Start in den Kita-Tag bewusst und unterstützen die Kinder bei der Bewältigung des Übergangs von zu Hause in die Kita. Eine entspannte, freundliche Atmosphäre beim morgendlichen Ankommen und späteren Abholen gibt Eltern, Kindern und auch Ihnen ein gutes Gefühl und Sicherheit.

Vertrauen und Sicherheit

Bei einer aufmerksamen und feinfühligen Begrüßung öffnet sich außerdem ein Zeitfenster für ein kurzes Übergangsgespräch (Tür-und-Angel-Gespräch) mit den Eltern über die Befindlichkeit des Kindes und aktuelle Themen. Es ist Raum für individuelle Rituale, die dem Kind Halt geben. Die Erfahrung zeigt, dass es Kindern leichter fällt, sich auf den Kita-Alltag einzulassen, wenn sie merken, dass ihre Eltern Vertrauen in die Kompetenzen der Fachkraft haben.

Nicht jeder Tag verläuft bei der Begrüßung gleich. Manchmal fällt der Abschied schwerer als an anderen Tagen, manchmal ist es für das Kind auch über einen längeren Zeitraum schwierig, die Eltern loszulassen. Vielleicht weint das Kind heftig und klammert oder es wirft sich auf den Boden, schlägt oder beißt. Manche Kinder wiederum reagieren abweisend auf die Fachkraft oder verstummen.

Bitte nicht heimlich rausschleichen!

Einige Eltern versuchen den Abschied für sich und das Kind scheinbar zu erleichtern, indem sie in einem vom Kind unbeachteten Moment die Kita verlassen, sich sozusagen davonschleichen. Das ist keine gute Idee! Für die meisten Kinder stellt dies einen Vertrauensbruch dar, der die Unsicherheit des Kindes häufig verstärkt. Auch wenn Eltern sich mehrmals verabschieden und immer wieder zum Kind zurückkommen, wenn das Weinen des Kindes nicht sofort aufhört, erhält das Kind keine eindeutige Botschaft zum Abschied und reagiert verunsichert. Fällt es den Eltern sichtbar schwer, ihr Kind loszulassen, oder gibt das Kind seinem Abschiedsschmerz durch lautes Schreien Ausdruck, können Sie den Eltern anbieten, sich nach einiger Zeit telefonisch nach dem Befinden des Kindes zu erkundigen. Nachdem die Eltern die Kindertageseinrichtung verlassen haben, hat das Kind das Recht, in seinem individuellen Tempo und in seinen individuellen Ritualen in den Kita-Alltag zu finden. Und es hat das Recht, seinen Gefühlen Ausdruck zu verleihen.

Um der Bedeutung der Schlüsselsituationen „Begrüßung und Abschied" Rechnung zu tragen, lohnt es sich, in die eigene pädagogische Konzeption zu schauen und die folgenden Fragen zu beantworten. Wenn es noch keine konkreten Aussagen in der pädagogischen Konzeption gibt, stellt sich die Frage, wie es gelingen kann, gemeinsam mit den Eltern ein individuelles Abschieds- und Begrüßungsritual für diese sensiblen Situationen zu entwickeln.

- Findet sich dort etwas zum Thema „Begrüßung und Abschied"?
- Welche Haltung, welche Ziele verfolgt die Kita zu diesem Thema?
- Wie erkennen Eltern, dass die Übergänge am Morgen und am Nachmittag qualitätsvoll gestaltet und reflektiert werden?
- Was versteht das Team unter einem abschiedsbetonten Abschied? Warum ist dieser für die Kinder von Bedeutung?
- Gibt es Qualitätskriterien wie zum Beispiel: „Alle Kinder werden beim Betreten der Kita mit ihrem Namen und mit Blickkontakt begrüßt."
- Welche Haltung gibt es zu Früh- und Spätdiensten?
- Ist eine an den Bedürfnissen von Kindern orientierte Begleitung am frühen Morgen und zum Ende eines langen Kita-Tages selbstverständlich oder werden diese Zeiten einfach „abgedeckt"?

Qualitätsentwicklung

Im Sinne einer lernenden Organisation setzt sich das Team mit verschiedenen Situationen, Abläufen und Prozessen im Kita-Alltag auseinander und entwickelt partizipativ verbindliche Standards, die dokumentiert, nach einiger Zeit überprüft und fortgeschrieben werden. Zu jedem Standard gehört:

1. **Leitbild:** Was leitet unser pädagogisches Handeln?
2. **Ziele:** Welche Ziele wollen wir erreichen?
3. **Methoden:** Wie, womit, wodurch wollen wir das Ziel erreichen?
4. **Indikatoren:** Woran erkennen wir, dass ein Ziel erreicht ist?
5. **Reflexion:** Womit messen wir, dass ein Ziel erreicht ist?

Am Beispiel der Schlüsselsituationen „Begrüßung und Abschied" kann ein Ziel lauten: „Jedes Kind wird individuell wahrgenommen und fühlt sich gesehen." Der Indikator – auch für die Eltern – könnte beispielsweise lauten: „Alle Kinder werden beim Betreten der Kita mit Namen und mit Blickkontakt begrüßt."

Qualitätsentwicklung in diesem Sinne ist keine zusätzliche Arbeit, sondern entlastet letztendlich die tägliche Arbeit. Gut funktionierende Abläufe und Prozesse unterstützen das Team darin, an einem Strang zu ziehen. Neue Mitarbeitende können sich auf dieser Basis besser und umfassender einarbeiten. Aktueller Handlungsbedarf wird offensichtlich und bearbeitet.

Fragen Sie doch mal die Kinder, ob sie sich mit den gelebten Ritualen wohl fühlen oder ob sie sich die Gestaltung des Übergangs anders wünschen. Beobachten Sie die Kinder während der Durchführung der Rituale. Gibt es Kinder, die dabei ihr Unwohlsein ausdrücken? Auch nonverbal? Diskutieren Sie das beobachtete Verhalten mit Ihren Kolleginnen und Kollegen.

Den Prozess begleiten

Junge Kinder entscheiden nicht aus eigenem Antrieb, sich mehrere Stunden am Tag in einer Krippe oder Kita aufzuhalten. Diese Entscheidung treffen Erwachsene, meist die Eltern. Kinder haben den Wunsch, zu Hause bei Mama und/oder Papa zu sein. Zur professionellen Kompetenz einer Fachkraft gehört es, das Kind darin zu unterstützen, sein wirkliches Bedürfnis nach Verbundenheit mit den primären Bezugspersonen nicht mehr so deutlich wahrzunehmen und sich daran zu gewöhnen, in einer Krippe oder Kita von zunächst fremden Personen betreut zu werden. (Vgl. Hüther 2023, S. 10 f.)

Das Etablieren von Eingewöhnungskonzepten und den Fokus auf die Schlüsselsituation „Begrüßung" beim Übergang von zu Hause in die Krippe oder Kita zu richten, haben das Ziel, Kinder in diesen Prozessen gut zu begleiten und zu unterstützen.

Welche Kompetenzen braucht eine Fachkraft, um Kinder bei diesen Prozessen gut zu begleiten?

Selbstkompetenz

In stressigen Situationen naheliegende Lösungen zu übersehen, kennen wir alle. Das Bewusstsein, selbstkompetent zu sein, bewirkt, dass wir unser Wissen, Können und unsere Erfahrungen nutzen, um die Überzeugung zu entwickeln, Herausforderungen gewachsen zu sein. Dazu gehört auch das Bewusstsein über eigene Ressourcen, Stärken und Schwächen. Selbstkompetenz ist also eine Art Rückgrat. Sie wird schon in der frühen Kindheit angelegt und entwickelt sich immer weiter.

Vertrauen

Wenn Fachkräfte die Stärken des Kindes stärken und auf diesen aufbauen, Vertrauen in die Potenziale des Kindes haben und den Blick auf dessen ganz individuelle Fähigkeiten richten, erlebt das Kind sich selbstwirksam und wird selbstbewusster. Dadurch können sich auch schwächer ausgebildete Fähigkeiten positiv entwickeln.

Sozialkompetenz

Dazu gehört alles, was für zwischenmenschliche Interaktion von Bedeutung ist. Rhetorik, verbale und nonverbale Kommunikation, Empathie und Feinfühligkeit. Eine vertrauensvolle Beziehung zum Kind ist die wichtigste Voraussetzung, um Kinder in ihrer Entwicklung zu unterstützen.

Feingefühl

Die emotionalen Grundbedürfnisse des Kindes zu kennen und so gut wie möglich zu erfüllen, ist die Grundlage der Feinfühligkeit. Ein feinfühliger Umgang mit kindlichen Bedürfnissen ist der beste Weg, eine vertrauensvolle Beziehung zum Kind aufzubauen, aufrechtzuerhalten oder wiederherzustellen.

Selbstreflexion

Die Bereitschaft, sich mit der eigenen professionellen Haltung auseinanderzusetzen, ist die Voraussetzung, den Kindern positiv und empathisch zugewandt zu sein. Wie ein innerer Kompass ermöglicht die pädagogische Haltung einen sicheren Kurs, in dem sowohl der konkrete pädagogische Kontext als auch übergreifende Aspekte in Übereinstimmung gebracht werden.

Das Kind im Mittelpunkt

Wie Kinder gut in der Kita ankommen

Wie gestalten wir den Übergang in die Kita?

- Wie ist der Übergang von zu Hause in die Kita konzeptionell geregelt?
- Gibt es Unterschiede aufgrund des Alters der Kinder?
- Sind unterschiedliche Verhaltensweisen der Fachkräfte in Ordnung?
- Wo sind die Grenzen?
- Was bedeutet in diesem Zusammenhang: „Das Kind steht im Mittelpunkt?"
- Woran merkt man, dass das Kind und nicht die Erwachsenen im Mittelpunkt stehen?

In den Ankommens- und Abschiedssituationen treffen verschiedene Bedürfnisse, Ansichten und Wünsche aufeinander oder ergänzen einander. Bei der Bewertung und Gestaltung der Situation lohnt es sich, die Perspektive zu wechseln und sich in die Lage der beteiligten Personen zu versetzen. Ein solcher Wechsel des eigenen Blickwinkels bringt ein objektiveres Bild und macht die Bedürfnisse und Wünsche des anderen transparenter. Wenn es gelingt, neutraler und von außen auf eine Situation zu schauen, wird der Blick klarer, man wird nicht so stark von eigenen biografischen Mustern bestimmt und kann den anderen besser verstehen.

Die Perspektive der Kinder

Kinder möchten sich sicher fühlen. Der Prozess des Loslassens ist herausfordernd. Gerade bei Krippenkindern fällt die Erfahrung, sich von den Eltern zu lösen, in einen Zeitraum ihres Lebens, in dem sie sich durch den Erwerb von Mobilität die ersten Male von ihren Eltern aktiv entfernen. Diese Autonomieerfahrung durch das Krabbeln ist ein Meilenstein in der kindlichen Entwicklung. Es geht auf der einen Seite mit Glücksgefühlen bei jungen Kindern einher, auf der anderen Seite stößt es auch Verlustängste an. Sie können dies gut erkennen, wenn Kinder sich beim Krabbeln oder Robben nach ein paar Metern immer wieder nach den Eltern umsehen. Verstellt ein Hindernis, etwa ein Spielzeug, den Blickkontakt, fangen die Kinder meist an zu weinen.

Je häufiger ein Kind Abschiede „erfolgreich" bewältigt und die Erfahrung gemacht hat, dass Mutter und Vater wirklich wiederkommen, desto leichter fällt ihnen in der Regel auch die Bewältigung des Übergangs von zu Hause in die Kindertageseinrichtung. Grundsätzlich sind Kinder an ihrer Umwelt interessiert, sie brauchen jedoch Zeit, Geborgenheit, Vertrauen und Klarheit, damit sie bereit sind, sich zu engagieren und zu explorieren. Damit sie die Möglichkeiten der Kita auskundschaften und erkunden, mit anderen Kindern in Kontakt kommen und spielen. Je sicherer sich Kinder fühlen, desto leichter können sie sich auf neue Erfahrungen einlassen.

Die Perspektive der Eltern

Eltern fällt die Trennung vom eigenen Kind und die Verantwortungsabgabe an eine fremde Person meist schwer. Sie möchten sichergehen, dass ihr Kind gut aufgehoben ist und sich wohlfühlt. Auf der einen Seite wollen Eltern ihre eigenen Gefühle beim Abgeben des Kindes bewältigen, auf der anderen Seite wollen sie ihrem Kind beim Übergang in die Kita als Ressource zur Verfügung stehen.
Eine herausfordernde Phase für alle Beteiligten. Viele Eltern brauchen Raum, um Informationen an die Fachkräfte weiterzugeben, damit diese über die Befindlichkeit des Kindes informiert sind. Eltern brauchen Vertrauen in die Kompetenz und Erfahrung der pädagogischen Fachkräfte. Sie wollen in ihrem Spagat zwischen Elternschaft und Berufstätigkeit verstanden werden. Sie wünschen sich Wertschätzung für sich als Eltern und ihre individuelle Situation. „Entsprechend sind bei der Konzeption der pädagogischen Arbeit beide Aspekte elterlichen Handelns und Verhaltens, nämlich der des Bewältigens und der des Einflussnehmens auf die Übergangsbewältigung des Kindes, zu berücksichtigen" (Griebel & Niesel 2004, S. 61).

Eltern brauchen die Sicherheit, ihr Kind voller Vertrauen und Zuversicht in der Kita lassen zu können. Und die Verlässlichkeit, dass sie über alle wichtigen Belange, die ihr Kind betreffen, informiert werden.

Die Perspektive der Fachkräfte

Pädagogische Fachkräfte wünschen sich, dass das Kind sich auf sie einlässt. Sie möchten dazu beitragen, dass das Kind in der Kita gut ankommt und exploriert. Sie wünschen sich Wertschätzung in ihrer beruflichen Rolle als Fachkraft, die gleichermaßen den Eltern Sorgen und Ängste nehmen und dem Kind eine vertrauensvolle und schützende Person sein soll. Pädagogische Fachkräfte haben das Bedürfnis nach ausreichenden Zeit- und Personalressourcen, um die Begrüßungs- und Abschiedssituationen professionell, achtsam und einfühlsam zu gestalten. Oftmals müssen sie aber gleichzeitig alle anderen Kinder im Blick haben und angemessen auf diese reagieren.

Praxisbeispiel

„Kein Wunder - Merkt der Vater denn gar nicht, was er verursacht?"

„Guten Morgen, Marie, schön dass du da bist", begrüßt Fyori die dreijährige Marie und ihren Vater, die gerade die Kita betreten. Marie versteckt sich hinter den Beinen des Vaters. Sie sieht müde und gestresst aus und auch Maries Vater wirkt genervt. „Unser Tag hat schon stressig begonnen", berichtet Maries Vater. „Marie ist gestern erst sehr spät zu Bett gegangen. Wir sehen uns so selten und haben noch lange zusammen gespielt und erzählt. Ich habe sie heute Morgen kaum wachbekommen. Und dann wollte sie auch noch mit mir frühstücken. Damit wir pünktlich um neun in der Kita sind, musste ich sie antreiben. Und jetzt sind wir trotzdem zu spät dran." Eine kurze Umarmung in Eile, ein Küsschen und schon eilt der Vater davon. Marie fängt an zu weinen. Fyori ärgert sich. „Kein Wunder …", denkt sie und wendet sich Marie zu.

Hier prallen verschiedene Bedürfnisse aufeinander. Der Vater ist beruflich oft tagelang unterwegs, auch über Nacht. Dadurch kann er wenig Zeit mit Marie verbringen und wollte das gemeinsame Spielen am Abend nicht unterbrechen. Ihm ist wichtig, dass Marie eine gute und sichere Bindung zu ihm hat. Außerdem muss er am nächsten Tag wieder verreisen. Erzieherin Fyori möchte, dass Marie gut im Kita-Alltag ankommt, sie begrüßt Marie freundlich, aber für den Vater hat sie nur ein kurzes Nicken übrig. Das registriert Maries Vater sofort und ärgert sich. Marie freut sich über die freundliche Begrüßung ihrer Erzieherin und gleichzeitig hat sie das Bedürfnis nach Schlaf – ihr fiel das Aufstehen schwer und jetzt ist sie müde. Sie wollte die intensive Zeit mit ihrem Papa noch ausweiten und mit ihm gemeinsam frühstücken.

Fyori aber ärgert sich innerlich über den Vater, der ständig zu spät kommt und anscheinend nicht einsieht, dass Kinder ihren geregelten Ablauf und ausreichend Schlaf brauchen. Dabei hat sie ihm das schon mehrfach mitgeteilt. Merkt er denn nicht, wie viel Mühe sie sich mit seiner Tochter macht? Fyori befürchtet, dass Marie den ganzen Kita-Tag über quengelig ist und ihre Aufmerksamkeit braucht, dabei startet heute eine neue Eingewöhnung und die Praktikantin hat sich auch krankgemeldet. Eine typische Situation aus dem Alltag einer Kindertageseinrichtung. Und gleichzeitig eine Situation, deren Reflexion viele Chancen zur Weiterentwicklung bietet.

- Wie hätte Fyori reagiert, wenn sie die Motivation und die berufliche Situation des Vaters gekannt hätte?
- Warum fing Marie an zu weinen? Was waren ihre Bedürfnisse?
- Wie könnte das Beispiel weitergehen?

Individuelle Bedürfnisse des Kindes erkennen

Ein Praxisbeispiel zum Reflektieren

Jamal, fast zwei Jahre alt, hat die Eingewöhnungsphase mit seiner Mutter scheinbar gut beendet. Zunächst haben alle den Eindruck, als wäre dieser neue Lebensabschnitt für Jamal kein Problem. Doch nach einigen Tagen fällt es Jamal immer schwerer, seine Mutter oder seinen Vater morgens gehen zu lassen. Er klammert sich schon vor der Kita-Tür an sie und weint herzzerreißend, wenn die Eltern letztendlich doch gehen und er in der Krippe bleiben muss.

In diesen Situationen hilft ihm am besten, wenn Julian, sein Bezugserzieher, ihn auf den Arm nimmt, ihn eine Weile summend durch den Raum trägt und ihm über die Worte „Mama kommt doch wieder!" Sicherheit vermittelt. Julian hält Jamals inneren Schmerz mit aus und stellt die Ersatzperson für die Eltern dar.

Linda, Julians Kollegin, befürchtet, dass Jamal durch das ständige Hochheben dauerhaft getragen werden will, wenn er weint. Sie beobachtet Jamal erst einmal und überlegt, ob andere pädagogische Handlungen dazu beitragen können, dass sich Jamal selbst beruhigt. Hat Jamal tatsächlich das Bedürfnis, jedes Mal auf den Arm genommen zu werden, wenn er weint? Wird er damit nicht verwöhnt? Welche pädagogische Interaktion könnte noch unterstützen?

Vielleicht kennen Sie ähnliche Situationen und auch die Belastung, wenn Sie mit dem Schmerz der Kinder konfrontiert werden. Das Auf-den-Arm-Nehmen im Zusammenhang mit den beruhigenden Worten „Mama kommt ja wieder!" ist eine Form der „Umhüllung" über Worte, wie die Berührung und das Getragenwerden. Alle Kinder kennen dieses Gefühl der Fürsorge und Umhüllung aus dem Kontakt mit ihren Eltern. Aus diesem Grund tut es dem Kind gut und wirkt sich im aktuellen Moment positiv auf die emotionale Stabilität des Kindes aus. Es ist nun wichtig, genau zu beobachten, was passiert, wenn das Kind den Arm der Fachkraft wieder verlässt. (Vgl. Kokemoor 2022, S. 30)

Das Team reflektiert regelmäßig die Beobachtungen von Jamal und den anderen Kindern ihrer Gruppe. Wenn Jamal das Bedürfnis hat, getragen und mit Worten umhüllt zu werden, nehmen sie ihn auf den Arm. Sie haben mittlerweile auch ein Gefühl dafür entwickelt, wann für ihn der Moment gekommen ist und er wieder auf eigenen Beinen im Raum stehen kann. Sie folgen Jamals Initiativen, geben seinen Handlungen Worte und bauen ihm damit Brücken zum Explorieren.

Das Spiel ist aus, wir gehen nach Haus: Die Verabschiedung im Blick

Während das morgendliche Ankommen bereits in vielen Kitas geplant und reflektiert wird, ist der Abschied am Ende des Tages oft noch nicht im Fokus. Nach einem Tag voller Eindrücke und Erfahrungen kommt das Abholen für die Kinder meist plötzlich. Jetzt heißt es Abschiednehmen von Spielpartner:innen, Spielprozessen, Kita-Räumen und auch von Ihnen. Wie das Ankommen sollte auch die Abholphase durch klare Strukturen für Kinder und Eltern eine angenehme Situation sein. Verabschieden Sie sich individuell und nutzen Sie die Gelegenheit für ein kurzes Tür-und-Angel-Gespräch. Wie ging es dem Kind heute? Ist etwas Besonderes vorgefallen? Morgen wird bestimmt auch ein guter Tag, Sie freuen sich schon!

Praxisbeispiel

„Wenn du jetzt nicht kommst, geh ich alleine!"

Frau Maier will am Nachmittag ihren vierjährigen Sohn Anton abholen. Anton sieht seine Mutter kommen und freut sich augenscheinlich. Er rennt auf seine Mutter zu und ruft: „Mamaaaaa!". Beide begrüßen sich und nehmen sich in die Arme. Dann spielt sich jeden Tag die gleiche Szene ab. Frau Maier fordert Anton auf, seine Jacke anzuziehen, und Anton ergreift die Flucht. Er läuft durch den Flur, in den Bewegungsraum oder aufs Außengelände. „Anton, jetzt komm doch. Wir wollen nach Hause!" Anton reagiert nicht. Die Mutter ist erschöpft vom langen Arbeitstag. Dass Anton jeden Tag dieses Theater macht, nervt sie. Irgendwie ist es ihr auch vor den anderen Eltern und Fachkräften unangenehm, dass Anton nicht gehorcht und zu ihr kommt.

Nahezu jede Fachkraft kennt das ambivalente Verhalten von manchen Kindern bei der Bewältigung dieser Übergänge: Am Morgen ist die Trennung von den Eltern kaum möglich, am Nachmittag hingegen fällt die Trennung von der Kita schwer und das Kind will nicht mit nach Hause gehen. Warum ist das eigentlich so?

Der Wunsch nach Bindung

Anton ist mit diesem Verhalten nicht allein und es gibt viele Kinder, die ihre Eltern mit diesem Spiel konfrontieren. Eine mögliche Erklärung ist der unbewusste Gedanke des Kindes „Ich war jetzt einen langen Zeitraum ohne dich und jetzt fang mich bitte, damit ich spüre, dass ich dir wichtig bin. Ich habe den Wunsch nach Bindung und will von dir gefangen werden." Fang- und Versteckspiele gehen mit körperlichem An- und Entspannen einher und werden von Kindern mit viel Lust gespielt.

Denken Sie an die Freude eines jungen Kindes beim Guck-guck-da-Spiel, wenn es sich ein Tuch über den Kopf legt und die Eltern fragen: „Wo ist denn mein Schatz?", dann das Tuch langsam wegziehen und „Daaaa ist er!" rufen. Man kann in diesen Situationen eine große Veränderung zwischen tonischer Anspannung, die das Kind im Moment der erhöhten Aufmerksamkeit hat, sowie tonischer Entspannung, wenn das Kind wieder Blickkontakt hat, beobachten. Viele Male wollen Kinder dieses Spiel spielen, bauen Kontakt auf, erleben spielerisch das Wiedergefundenwerden, fühlen sich wahrgenommen. Die Verbindung zwischen dem Handeln des Kindes und den Worten und Blicken

der Bezugsperson berührt das Grundbedürfnis des Kindes nach Bindung.

Auf das Bedürfnis eingehen

Statt genervt zu sein, könnte Frau Maier auch so reagieren: Sie geht auf das Spiel ihres Kindes ein und läuft Anton lachend hinterher, sie nimmt sich die Zeit und versichert Anton, als sie ihn gefangen hat, dass sie sehr froh ist, ihn wieder bei sich zu haben. Schließlich sagt sie zu Anton, dass sie jetzt nach Hause gehen möchte. Sie findet mit Anton die Lösung, dass sie ihn noch zweimal fängt und sie dann gemeinsam losgehen. Hier ist es wichtig, dass der Erwachsene klar bleibt, die Führung übernimmt, das Spiel dann auch wirklich beendet und zusammen mit dem Kind den Heimweg antritt. Auch wenn die Fachkraft noch eine kurze schnelle Frage an die Mutter hat oder ihr Handy klingelt, denn auch Stabilität ist ein Grundbedürfnis von Kindern. Das „Bedürfnis nach Stabilität bedeutet: Regeln, klare Struktur, Führung, Grenzen/Begrenzung, Ordnung, Kontinuität, Anleitung, Orientierung, Eindeutigkeit, Halt, Klarheit, Sicherheit, Schutz, Zuflucht, konsequentes, berechenbares freundliches Erzieherverhalten" (Schmitz 2018, S. 15).

Das Recht des Kindes auf gewaltfreie Erziehung

Das Gesetz zur Ächtung von Gewalt in der Erziehung wurde am 02.11.2000 erlassen. Das Gesetz verankert das Recht des Kindes auf gewaltfreie Erziehung in § 1631 Abs. 2 des Bürgerlichen Gesetzbuches: „Kinder haben ein Recht auf gewaltfreie Erziehung. Körperliche Bestrafungen, seelische Verletzungen und andere entwürdigende Maßnahmen sind unzulässig."

Drohungen sind Machtmissbrauch

Leider hört man immer wieder Sätze wie „Wenn du jetzt nicht kommst, geh ich allein nach Hause" und „Du musst in der Kita über Nacht bleiben". Oder gar: „Wenn du jetzt nicht kommst, nehm ich mir ein anderes Kind mit. Das hört bestimmt, wenn ich rufe." Hinter diesem Verhalten (leider habe ich es auch schon von Fachkräften gehört) steht die Hilflosigkeit des Erwachsenen und der Versuch, dem Kind Angst zu machen, um ein Ziel zu erreichen. Dies entspricht weder den Bedürfnissen des Kindes noch seinem Recht nach gewaltfreier Erziehung. Dieses Verhalten ist adultistisch und pädagogisch nicht sinnvoll.

Begrüßung und Abschied
„Bildungsorte" im erweiterten Sinne

Begrüßung und Abschied sind eher kurze Momente im Alltag einer Kita, die aber eine große Bedeutung für jedes Kind und jedes Elternteil haben. Kinder und Eltern benötigen gerade in diesen Situationen besondere Zuwendung und Aufmerksamkeit, damit beide lernen, die Übergangssituationen gut zu gestalten.

Entwicklung ist immer herausfordernd. Am Anfang der Kita-Zeit fällt es Kindern und Eltern noch schwer, angemessen mit diesen Herausforderungen des Übergangs in die neue Lebenswelt Kita umzugehen. Aber mit Hilfe und Unterstützung von Ihnen und den anderen Kindern gelingt es den Kindern (und auch den Eltern) dann meist recht schnell, mit den neuen Herausforderungen zurecht zu kommen. Die Bewältigung der bedeutsamen Situationen „Begrüßung und Abschied" stärkt die Kinder in verschiedensten Kompetenzen.

Sprach- und Literacy-Kompetenz

Bei der Bewältigung der Begrüßungs- und Abschiedssituationen entstehen vielfältige Sprachanlässe, zum Beispiel die sprachliche Begleitung beim An- und Ausziehen am Morgen. „Halte den Ärmel vom T-Shirt fest, damit es nicht nach oben rutscht, wenn du die Jacke anziehst." Kleine Reime und Sprachspiele können manche eher lästige Umziehaktion erträglicher machen. Die Situationen und Tätigkeiten werden benannt. Während die Fachkraft ihren Arm durch den eingezogenen Jackenärmel durchsteckt, zappelt sie ein bisschen mit den Fingern und sagt: „Da vorne ist eine Maus, die holen wir jetzt raus." Vielleicht möchte das Kind dann selbst die Maus herausholen und zieht den Jackenärmel in die richtige Position. Es gibt viele Reime und Lieder, die die Ankommens-Situation für die Kinder erleichtern können. Handpuppen und Kuscheltiere können noch zusätzlich unterstützen.

Mehrsprachige Aktivitäten fördern die sprachliche Kompetenz aller Kinder in vielfältiger Weise. Vom mehrsprachigen „Herzlich willkommen" an der Eingangstür der Kita über das gesprochene „Guten Morgen" oder „Auf Wiedersehen" in der Muttersprache der Kinder. Bestimmte Rituale und Lieder in der Muttersprache sind ebenfalls „Brücken" zwischen Kindern, Familien und Kita.

Bilderbücher dialogisch lesen – fördert die Kommunikation, das Sprachverständnis und ermöglicht den Kindern, ihre Gedanken und Gefühle zu äußern. Sie versetzen sich in die Geschichte und verknüpfen sie mit ihrer Lebenswirklichkeit. Außerdem schafft das gemeinsame Bilderbuchbetrachten eine emotionale Verbindung zwischen Kind und Fachkraft. Bilderbücher können ein „Türöffner" sein und dem Kind den Abschied von den Eltern erleichtern.

Philosophieren

Mit Kindern zu philosophieren ist keine abgehobene Sache, sondern Fachkraft und Kinder nehmen sich Zeit, gemeinsam über Fragen des Lebens nachzudenken. Dazu benutzen sie gewisse „Denkwerkzeuge", sogenannte Hebammenfragen, mit denen die Fachkraft gewisse Begriffe, Aussagen oder Bildsprache mit den Kindern zu klären ver-

Praxisbeispiel

„Ich war traurig, aber dann habe ich gespielt!"

Der fünfjährige Herman schaut sich mit seinem Lieblingserzieher Anton ein Bilderbuch an, in dem die Geschichte von einer kleinen Eule, die in den Kindergarten kommt, erzählt wird. Herman antwortet auf die Frage, ob er sich an die erste Zeit in der Kita erinnert, mit: „Ja, da konnte ich kein Deutsch sprechen und habe geweint, weil die Kinder alle so fremd waren." „In den ersten Tagen waren ja deine Mama und dein kleiner Bruder bei dir. Wie war das für dich?", fragt die Fachkraft weiter. „Das war schön, weil Mama da war. Aber als sie weggegangen ist, habe ich geweint. Ich war traurig. Aber dann habe ich gespielt." „Was meinst du genau mit traurig?", fragt Anton. „Na, dann ist ein dicker Stein in meinem Bauch. Und ich kann nicht mehr richtig denken und muss immer weinen", antwortet Herman. „Ist das bei allen Kindern so?" „Nein, nicht bei allen. Aber es ist ja auch nicht schlimm, wenn man weinen muss. Dann kommt jemand wie du und tröstet die Kinder. Und ich bin jetzt auch ein Tröster und spiel mit neuen Kindern, wenn sie traurig sind", erklärt Herman.

sucht: Was meinst du genau mit …? Was ist das genau? Was ist der Unterschied …? Ist es wirklich so …? Kann es auch anders sein? Ist es für alle so oder nur für dich?

Kreative und darstellende Kompetenzen

Durch gemeinsames Malen, Singen und Tanzen können Kinder ihre Emotionen ausdrücken und sich darüber austauschen. Viele Kinderlieder thematisieren Gefühle oder Situationen, in denen bestimmte Emotionen empfunden werden. Kinder können zu den Liedtexten tanzen oder sie darstellen oder auch das Lied mit Klatschen oder Klanghölzern begleiten. Das Lied „Wenn du fröhlich bist, dann klatsche in die Hand" ist ein gelungenes Beispiel.

Emotionale und soziale Kompetenzen

„Entwicklung der eigenen Emotionalität, Erwerb sozialer Kompetenzen und Gestaltung sozialer Beziehung sind eng miteinander verknüpft. Kinder, die ihre eigenen Gefühle kennen (und Worte dafür haben) und das emotionale Erleben anderer verstehen, sind sozial kompetenter und können besser mit sich und mit anderen umgehen. Die Entwicklung sozialer und emotionaler Kompetenzen ist in hohem Maße vom kulturellen und vom familiären Umfeld geprägt: Das vorgelebte Verhalten und das Gespräch in der Familie sind entscheidend dafür, was ein Kind über Gefühle lernt, wie es Gefühle ausdrückt, wie es über Gefühle spricht, wie es mit belastenden Situationen und Konflikten umgeht" (Hessischer Bildungs- und Erziehungsplan, S. 57).

Emotions-Coaching mit Kindern

Meine Erfahrung zeigt, dass die Methode des Emotions-Coachings sehr hilfreich bei der Bewältigung von starken Gefühlen ist. Beobachten Sie aufmerksam das kindliche Verhalten. Nutzen Sie für das Kind emotional herausfordernde Situationen, um dem Kind näherzukommen und nachzuvollziehen, was es gerade beschäftigt. Erschaffen Sie spielerisch Gelegenheiten, die Gefühlswelt des Kindes näher kennenzulernen und ihm bei der Emotionsregulation zu helfen.

Praxisbeispiel

Erzieher Anton und ein Kind spielen mit einem Stoffhund.
Kind: Der Hund ist allein und weint.
Anton: Sind seine Eltern weggegangen?
Kind: Ja.
Anton: Kommen sie wieder?
Kind: Nein. Ich glaube nicht.
Anton: Warum sind sie denn fort?
Kind: Der Hund war böse.
Anton: Was hat er denn gemacht?
Kind: Er hat die Mama getreten.
Anton: Warum hat er denn das gemacht?
Kind: Es gab Streit und der kleine Hund ist ganz schön wütend gewesen.
Anton: Ich glaube, es ist schon in Ordnung, wenn man manchmal wütend wird. Sie wird bestimmt zurückkommen.
Kind: Meinst du?
Anton (nimmt einen anderen Stoffhund und spricht mit der Stimme von Mama-Hund): Das war ein anstrengender Arbeitstag. Jetzt bin ich wieder da.
Kind: Hallo, Mama.
Anton: Du warst ziemlich wütend, als ich heute gefahren bin, mein kleiner Hund, aber das ist in Ordnung. Manchmal werde ich auch wütend. Ist alles wieder gut?
Kind: Ja, alles wieder gut.

Was sind die Grundregeln beim Emotions-Coaching im Alltag?

Greifen Sie durch aufmerksames Zuhören und verständnisvolles Nachfragen (kein Ausfragen!) die Gefühle des Kindes auf. Vermitteln Sie, dass es in Ordnung ist, manchmal starke Emotionen zu haben. Das gibt dem Kind emotionalen Halt und nimmt ihm Ängste. Es bekommt zum Beispiel vermittelt, dass die Eltern auch bei dem Kind bleiben, wenn es mal wütend ist. Emotionale Situationen sind wertvolle Lerngelegenheiten! Sie können bei konstruktiver Nutzung die Bindung zwischen Fachkraft und Kind stärken.

Strukturen und Rahmenbedingungen

Unterstützen kann nur, wem es selbst gut geht

„Ich sehe dich – schön, dass du da bist!" Nicht nur Kinder und ihre Eltern brauchen dieses Gefühl, um sich auf einen Kita-Tag einzulassen, sondern auch Sie als Fachkraft. Vor 15 Jahren kannten wir die Herausforderungen des heutigen eklatanten Fachkräftemangels und die gesundheitlichen Folgen für Mitarbeitende in Krippe und Kita noch nicht. Aber der ständige Personalmangel ist heute für die meisten der Beschäftigten Realität – mit gravierenden Gesundheitsrisiken.

Praxisbeispiel

„Irgendwie bekomme ich das schon hin!"

Johanna arbeitet seit fünf Jahren in der Kita Kunterbunt. Eigentlich freut sie sich jeden Tag auf ihre Arbeit mit den Kindern und mit ihren Kolleg:innen. Doch heute hat ihr Tag denkbar schlecht begonnen. Sie hat verschlafen. Nur um eine halbe Stunde, aber das bringt ihre komplette Morgenroutine durcheinander: Statt zu duschen, reicht die Zeit nur für eine Katzenwäsche, ihre eigenen Kinder müssen schnell geweckt werden und sofort aufstehen. Zum Glück hat sie den Frühstückstisch gestern Abend gedeckt, aber richtig Zeit für ein ruhiges Frühstück bleibt nicht. „Kommt, beeilt euch, wir kommen sonst zu spät", treibt Johanna ihre Kinder an. Doch die Kinder denken gar nicht daran. Oskar findet seinen Turnbeutel für die Schule nicht. Anna hat keine Lust auf Kita und verleiht dem mit lautem Protestgeschrei Ausdruck. Für achtsames und einfühlsames Begleiten bleibt keine Zeit. Irgendwie schafft es Johanna dann doch noch, alle Kinder rechtzeitig abzusetzen, kommt selbst aber zehn Minuten zu spät zum Dienst. „Wo bleibst du denn?", begrüßt sie Leiterin Johanna vorwurfsvoll. „Denk dran, dass heute Nachmittag das Gespräch mit der Schulleitung stattfindet. Nicht, dass wir dort auch zu spät kommen. Und Sabine hat sich krankgemeldet, du musst ihren Mittagsdienst übernehmen." „Ja, ja", antwortet Johanna genervt und hängt ihre Jacke an die Garderobe. An das Gespräch hatte sie gar nicht mehr gedacht. „Irgendwie kriege ich das schon hin", denkt Johanna und würde am liebsten wieder nach Hause gehen. Die Eingangstür geht auf und Frau Özlem kommt mit ihrer weinenden Tochter Ayşe in die Kita. Sie spricht Johanna an: „Tut mir leid, wir haben verschlafen … Könnten Sie vielleicht Ayşe übernehmen? Ich komme sonst zu spät ins Büro!"

Arbeiten, obwohl das Personal nicht ausreicht, ist Arbeit am Limit

Wer regelmäßig Personalmangel erlebt, kann in der Freizeit schlecht abschalten, verzichtet auf Sport und findet wenig Zeit für Hobbys, Familie und Freunde. Stress und Druck einerseits sowie fehlende Erholung und Ausgleich anderseits beeinflussen negativ die eigene Gesundheit, physisch und psychisch. Deshalb sollten Sie sich auch mit der Frage „Was brauche ich, um an meinem Arbeitsplatz gut anzukommen und einen positiven Start in meinen Arbeitstag zu haben?" auseinandersetzen.

Nur noch zweimal „Das schaff ich schon!" bis zum Burnout

Was hätte Johanna gebraucht, um gut an ihrem Arbeitsplatz anzukommen, einen positiven Start in ihren Arbeitstag zu haben, um sich feinfühlig und achtsam auf die Kinder einlassen zu können? Natürlich ist das sehr individuell und grundsätzlich wird an dem Beispiel klar: Johanna braucht …

- **Rituale**, um gut im (Arbeits-)Tag anzukommen. Das kann die ungestörte Dusche am Morgen sein, der erste Kaffee oder Tee an der frischen Luft, der Blick in die Tageszeitung, das achtsame Wecken der eigenen Kinder, das gemeinsame Frühstück ohne Hektik.
- **Zeit**, um ihre Kinder einfühlsam abzugeben. Zeit, um pünktlich und einige Minuten vor Dienstbeginn in der Kita anzukommen. So kann sie in Ruhe ihre persönlichen Dinge verstauen, Hände waschen, das Team begrüßen, den Gruppenlaptop hochfahren und sich über die Kita-App informieren, welche Kinder an diesem Tag die Kita besuchen und welche nicht.
- eine **vorbereitete Umgebung**, damit diese äußere Ordnung sie bei der Vorbereitung auf die Aufgaben des Tages unterstützt.
- **Verständnis** von Leitung und Team und ein aufmunterndes Wort – nicht noch mehr Stress.

Wie gehen Sie im Team mit solchen oder ähnlichen Situationen um? Gibt es eine (Fehler-)Kultur, bei der es selbstverständlich ist, dass die Fachkraft Gefühle der Überforderung äußern kann? Gibt es Vereinbarungen im Team oder einheitliche Standards, die den Ablauf des Ankommens und Nach-Hause-Gehens der Mitarbeitenden festlegt? So sollte es konzeptionell und dienstplanmäßig verankert sein, dass alle Mitarbeitenden mindestens zehn Minuten vor der Arbeitszeit mit den Kindern am Arbeitsplatz sind, um in Ruhe anzukommen und letzte Vorbereitungen treffen zu können. Ebenfalls sollte sichergestellt werden, dass Fachkräfte im Vorfeld genügend Ressourcen haben, sich auf Aufgaben, wie beispielsweise Elterngespräche, vorbereiten zu können. Dies muss ebenfalls im Dienstplan berücksichtigt werden. Es sollte außerdem ein Notfallplan erarbeitet werden, der greift, wenn sich Teammitglieder verspäten oder ausfallen.

Dienstplan und Zeitmanagement

Dienstplan erstellen

- Welche Bedürfnisse haben die Kinder in Ihrer Einrichtung während des Früh- und Spätdienstes?
- Welche Bedürfnisse haben die Fachkräfte?
- Was bedeutet das für den Dienstplan?
- Welche Aufgabe hat bei Personalengpässen Vorrang: die Begleitung der Kinder oder die Vorbereitung des Frühstücks?
- Welche Lösung könnte es für Dilemma-Situationen geben?

Das Recht auf Förderung und Bildung des Kindes gehört zu den grundlegenden Aufgaben einer Kita. Dabei müssen Fachkräfte an den Bedürfnissen und Interessen der Kinder ansetzen und eine vorbereitete Umgebung schaffen, die Kindern zum Explorieren einlädt, ohne sie zu überfordern. Es braucht einen zeitlichen Vorlauf, um die Kita am Morgen für Kinder und ihre Eltern vorzubereiten. Zeit, um die Räume vorzubereiten und zu lüften, für hauswirtschaftliche Tätigkeiten wie Tee kochen und Frühstück vorbereiten, um die Waschmaschine zu starten oder Anrufe entgegenzunehmen – das sind alles wichtige Aufgaben. Aber sie sind NICHT kombinierbar mit der pädagogischen Aufgabe, die Kinder zu begrüßen und die Verabschiedung von den Eltern zu begleiten.

Arbeitsteilung im Dienstplan verankern

Alle diese Tätigkeiten sollten arbeitsteilig vor der Öffnung der Kita geschehen, sodass ein Teil der Fachkräfte in Ruhe die Kinder und Eltern begrüßen und begleiten kann, während der andere Teil sich um organisatorische Aufgaben kümmert. Das Gleiche gilt für die Abholzeit und die Aufgaben, die vor der Schließung der Kita zu erledigen sind. Die Zeit für die Vorbereitung und Nachbereitung der Räume ist Arbeitszeit und muss im Dienstplan entsprechend berücksichtigt werden. Die pädagogischen Fachkräfte, die für den Begrüßungs- und Abschiedsdienst eingeteilt sind, haben den Auftrag, sich allein auf die ankommenden bzw. weggehenden Kinder und ihre Eltern zu konzentrieren.

Auch Randzeiten sind pädagogisch wichtig

Wohl wissend, dass die frühen und späten Dienste bei den meisten Teilzeitkräften nicht sonderlich beliebt sind, geht es nicht darum, diese Dienste einfach nur „abzudecken", sondern sie pädagogisch wertschätzend und feinfühlig zu begleiten. Es stellt sich außerdem die Frage, wer im Mittelpunkt steht – das Kind oder die Fachkraft. Eine klare Haltung der Leitungen ist gefragt, die den Dienstplan im Sinne des Kindes und seiner Bedürfnisse schreibt. Dazu bedarf es auch längerfristiger Absprachen und Planungen unter den Mitarbeitenden der Kindertageseinrichtung.

Auch das tägliche Rotieren der Fachkräfte im Frühdienst ist für einige Kinder herausfordernd und sollte unbedingt reflektiert werden. Beziehen Sie die Kinder in Ihre Überlegungen aktiv mit ein, Kinder haben oft gute Ideen.

Den Informationsfluss sicherstellen

In allen Kitas arbeiten Voll- und Teilzeitkräfte, die nur einen Teil des Tages anwesend sind. Mitarbeitende werden krank, haben Urlaub oder besuchen eine Fortbildung. Nachmittags ist in den meisten Kitas die Personaldecke dünner als am Vormittag. Trotzdem müssen alle Informationen rund um Kinder und Eltern weitergegeben werden. Damit keine Informationen beim Personalwechsel verloren gehen, sollten folgende Fragen im Team geklärt sein:

- Wie dokumentieren wir die individuellen Rituale der Kinder beim Ankommen in der Kita und beim Verabschieden am Ende des Kita-Tages?
- Wer darf ein Kind abholen?
- Welches System nutzen wir, um die abholberechtigten Personen eines Kindes zu erfassen?
- Wie geben wir die Informationen im Team weiter?
- Was machen wir, wenn die abholende Person unbekannt ist?
- Wie kann es gelingen, die Daten stets auf dem aktuellen Stand zu halten?
- Wenn Eltern anrufen und mitteilen, dass ihr Kind von einer Person abgeholt wird, die nicht in der Abholberechtigten-Liste steht, wen informieren wir darüber?
- Wie erreichen wir Eltern, wenn das Kind unvorhergesehen abgeholt werden muss, wenn es plötzlich krank wird oder ein Notfall in der Kita auftritt? Wie halten wir die Telefonlisten auf dem aktuellen Stand? Haben wir eine Notfalladresse?
- Wie gehen wir mit Kindern um, die nicht abgeholt werden? Gibt es ein Handlungskonzept, eine Prozessbeschreibung oder einen Notfallplan, an dem wir uns orientieren können?
- Wie stellen wir sicher, dass bei Personal- und Schichtwechsel wichtige Informationen an die Eltern weitergegeben werden?
- Wie gewährleisten wir den Informationsfluss zwischen Eltern und Fachkräften?

Struktur schafft Zuverlässigkeit und lässt Vertrauen entstehen

Die sogenannte Strukturqualität ist definiert durch die Güte der personalen, materiellen und räumlichen Ausstattung einer Einrichtung. Wichtige Strukturmerkmale sind der Fachkraft-Kind-Schlüssel, die Qualifikation des Personals, die Gruppengröße und räumliche Ausstattung, zudem Ressourcen zur professionellen Weiterentwicklung des Personals. Die pädagogische Qualität, die Art und Weise, wie mit Kindern kommuniziert und interagiert wird, steht in engem Zusammenhang mit den Erfahrungen der Kinder in sozialen Interaktionen.

Orientierungsqualität und Strukturqualität haben einen direkten Einfluss auf die Qualität der pädagogischen Prozesse: Pädagogische Überzeugungen, das Bild vom Kind sowie Haltung und Handlungskompetenzen der pädagogischen Fachkräfte. Merkmale der Strukturqualität wie der Fachkraft-Kind-Schlüssel begründen die Möglichkeit, individuell auf einzelne Kinder einzugehen, ihre Bedürfnisse wahrzunehmen und sie in ihrer Entwicklung zu unterstützen.

Interaktions-qualität

Die wesentlichen Elemente der Interaktionsqualität

Es sind die kleinen Dinge, die zählen: ein freundliches „Guten Morgen“, eine entspannte Atmosphäre beim Ankommen, Blickkontakt und Dialogbereitschaft. Mit kleinen Maßnahmen können pädagogische Fachkräfte die Interaktionsqualität in ihrer Einrichtung jeden Tag verbessern. Erfolgreiche Bildungsprozesse in Kitas brauchen gute Beziehungen zwischen Fachkräften und Kindern. Die Qualität von Interaktionen ist entscheidend für die gute Gestaltung von Lern- und Entwicklungsprozessen der Kinder. Dazu zählt eine Atmosphäre der Wertschätzung und Geborgenheit. Ihr Umgang mit den Kindern ist grundsätzlich freundlich: Sie lächeln die Kinder an, lachen häufig mit ihnen und zeigen eine zugewandte, offene Körperhaltung. Sie wenden sich dem Kind aufmerksam zu, wenn Sie mit ihm sprechen. Sie gehen auf Augenhöhe mit dem Kind und schauen es an.

Positives Klima: Dieser Bereich reflektiert vor allem die emotionale Beziehung zwischen Kind und pädagogischer Fachkraft sowie die Wärme, den Respekt und die Freude in verbalen und nonverbalen Interaktionen. Er beschreibt Merkmale, die notwendig sind, um für Kinder ein positives, unterstützendes, sicheres und vorhersagbares Umfeld in ihren sozialen Bezügen zu gestalten, in dem sie ihre pädagogischen Bezugspersonen kontinuierlich als positiv, zugewandt und emotional erreichbar erleben. Innerhalb der Kindergruppe tauschen sich die Kinder untereinander aus und unterstützen sich gegenseitig.

Negatives Klima: Umstände und Verhaltensweisen, die ein negatives Klima entstehen lassen, sollten vermieden werden. Dazu gehören Beschämen, Sarkasmus, Kinder ausschließen, Schreien, Drohen durch die Erwachsenen oder unter Kindern. Verärgerung und Ärger, Streit und Gereiztheit begünstigen ein negatives Klima in der Gruppe.

Feinfühligkeit: Die Bezugsperson nimmt die Emotionen des Kindes wahr und gibt ihnen Raum. Sie erkennt die individuellen Bedürfnisse des Kindes und geht darauf ein. In ihrem Verhalten und in ihren Antworten stellt sie den Bezug zum Kind her und löst Probleme gemeinsam mit ihm.

Orientierung am Kind: In der Interaktion werden die Interessen des Kindes einbezogen. Die Bezugsperson steht in der Verantwortung, dem Bindungs- und Autonomieverhalten des Kindes gerecht zu werden. Sie fordert es heraus, indem sie reichhaltige, vielfältige und anspruchsvolle Aufgaben stellt, die am aktuellen Entwicklungsstand des Kindes ausgerichtet sind.

Einfühlsame Gestaltung der Schlüsselsituationen Begrüßung und Abschied

Kinder brauchen Vertrauen in sich und die Welt, um sich Herausforderungen zu stellen und Probleme zu lösen. Dieses Vertrauen entwickelt sich, wenn Kinder auf emotional zugewandte Erwachsene treffen, die ihnen Mut machen und ihnen etwas zutrauen, ohne das Kind alleine zu lassen. Wer kein Vertrauen hat, wer verängstigt oder verunsichert ist, lässt sich nicht auf neue Herausforderungen ein und kann so auch nichts Neues hinzulernen. Offenheit für Neues ist für die Entwicklung des kindlichen Gehirns von entscheidender Bedeutung.

Jeden Morgen neu

Nach der gelungenen Eingewöhnung ist die Kita ein vertrautes Lernfeld für die Kinder, fast wie ein zweites Zuhause. Aber eben nur fast: Die Kinder müssen sich jeden Morgen neu auf die Kita einlassen. Voraussetzung für ein entspanntes Ankommen ist eine abgeschlossene Eingewöhnungsphase. Aber auch dann kann es immer wieder Tage geben, an denen es dem Kind schwerfällt, sich von seiner Begleitperson zu verabschieden. Oft sind starke Gefühle mit dem Übergang verbunden. Und das nicht nur beim Wechsel von zu Hause in die Kita: Manchen Kindern fällt es grundsätzlich schwer, sich aus der Umgebung, in der sie sich gerade befinden, zu lösen und sich wieder auf eine neue (obgleich bekannte, vertraute) Umgebung einzulassen. Sie wollen sich morgens nicht von ihrer vertrauten Person trennen und am Ende des Krippen- oder Kita-Tages nicht von den Fachkräften und den Spielpartner:innen.

Manchmal fällt es schwer

Je nachdem, was ein Kind vom Aufwachen bis zum Betreten der Einrichtung bereits erlebt oder welche familiären Herausforderungen die Familie oder das Kind gerade zu bewältigen hat, fällt der Übergang in die Einrichtung leichter oder schwerer. Die Aufgabe, diesen Übergang zu begleiten, liegt bei Ihnen. Wie der Start und das Ende des Kita-Tages für ein Kind gestaltet werden kann, können Sie zwar für die Kinder planen. Nehmen Sie jedoch das Recht des Kindes auf Beteiligung ernst, hat es viel mehr Sinn, „mit" den Kindern zu planen. Entweder man fragt die Kinder selbst oder wechselt die Perspektive und schaut mit dem Blick der Kinder auf die Ankommens- und Abschiedssituationen.

Praxisbeispiel

Aus der Kita schubsen

In der evangelischen Kita Schatzkiste „schubsen" die meisten Kinder ihre Eltern aus der Kita. Wenn auch sehr individuell: Tims und Lottas Eltern müssen die Haustüre der Kita öffnen und feststellen. Die Eltern stehen im Flur und sind ca. zwei Meter von der geöffneten Haustüre entfernt. Mama und Papa bekommen noch ein Küsschen, Tim und Lotta nehmen Anlauf und schubsen ihre Eltern aus der Kita. Tilda fordert von ihrer Mama noch eine kurze „Armzeit" ein: Ihre Mutter nimmt sie auf den Arm und beide umarmen und küssen sich. Dann stellt die Mutter Tilda wieder ab und beide gehen Hand in Hand zu Haustüre. Tildas Erzieherin darf nur aus der Entfernung zusehen. Auch Tilda schubst ihre Mutter raus. Die Erzieherin beobachtet mit etwas Abstand – denn Tilda will das ganz alleine machen! –, ob Tilda sich auch wirklich trennen kann oder Unterstützung benötigt.

Fragen des Kindes beim Ankommen am Morgen

Wo ist mein Platz an der Garderobe? Woran erkenne ich ihn?

Wer empfängt mich? Werde ich begrüßt?

Unterstützt mich beim Verabschieden meine vertraute Erzieherin oder mein vertrauter Erzieher?

Bin ich willkommen? Woran merke ich das?

Wie verabschieden sich meine Eltern?

In welchem Raum komme ich an? Wo kann ich mich niederlassen, wenn ich angekommen bin?

Darf ich meinen Eltern noch winken? Muss ich ihnen noch winken?

Nimmt jemand wahr, wo und wie ich gut ankommen kann? (Maltisch, Puzzle, Bilderbuch, Frühstück ...)

Darf mein Schnuffelhase und wichtiger Tröster (Übergangsobjekt) bei mir bleiben?

Wer ist für mich da, wenn ich weine und Trost benötige?

Fragen des Kindes beim Abschied am Ende des Tages

Woher weiß ich, dass meine Zeit in der Kita für heute zu Ende ist?

Räume ich auf, bevor ich nach Hause gehe?

Soll ich mich verabschieden? Bei wem und wie?

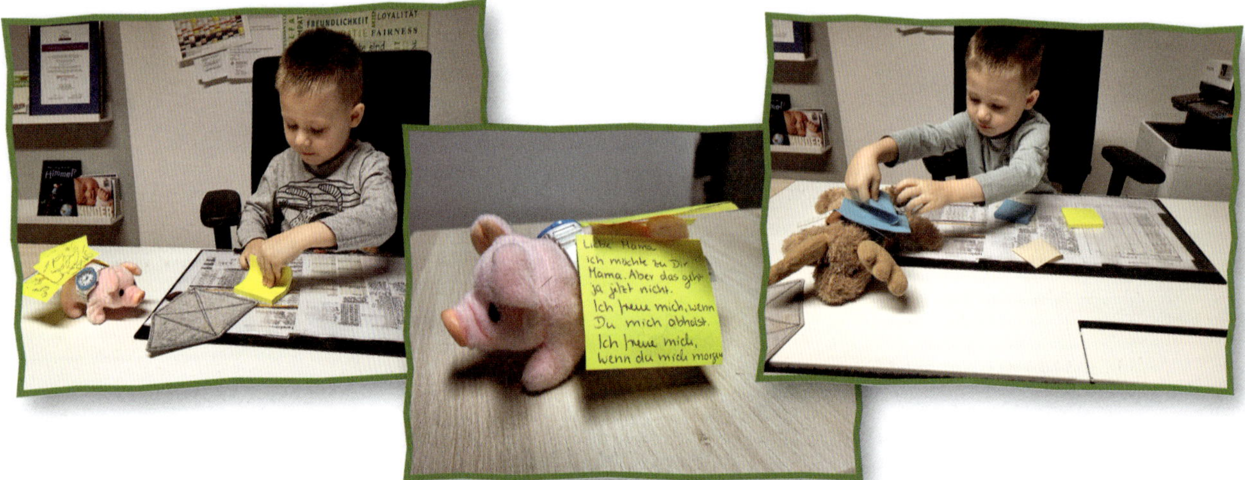

Wie Arian eine gute Idee hatte und wieder froh wurde

Lerngeschichte, Januar 2024

Lerndisposition	
Interessiert sein	Lieber Arian, nachdem deine Mama wieder nach Hause gegangen war, hattest du plötzlich ganz dolles Heimweh nach ihr. Du musstest laut weinen, Tränen liefen deine Wangen hinunter und du konntest gar nicht aufhören zu weinen. „Ich will zu meiner Mama. Ich will nicht in der Kita bleiben. Meine Mama ist heute zu Hause und ich will zu ihr", hast du immer wieder gesagt.
Engagiert sein	Ich konnte gut verstehen, dass du so traurig warst. Als ich dich fragte, wer dich denn trösten darf, hast du „Du" gesagt und auf mich gezeigt. Du wolltest dich auf meinen Schoß setzen und ich durfte dir über den Rücken streichen. Aber du warst immer noch traurig und dein Gesicht war schon ganz nass von den vielen Tränen, die aus deinen Augen kullerten. Eine Weile saßen wir auf dem Stuhl. Du auf meinem Schoß. Ich habe dich langsam hin- und hergewiegt und deinen Rücken gestreichelt.
Widerständen standhalten	„Darf ich mit dir ins Büro?", fragtest du mich und wir beide sind Hand in Hand zum Büro gegangen. „Rufst du meine Mama an und sagst ihr, dass sie mich abholen soll?", fragtest du mich. Ich verneinte deine Frage und schlug dir vor, dass wir gemeinsam einen Brief an deine Mama schreiben können, den du ihr beim Abholen gibst. Die Idee hat dir gefallen und du hast den kleinen gelben Block aus der Schublade geholt und mir gesagt, was ich schreiben soll. Den Zettel hast du auf das kleine Schweinchen geklebt, das deine Mama dir geschenkt hatte. Dann hast du weitere Zettel geschrieben. Mit viel Schwung. „So schreibt mein Papa immer. Der ist ein Bestimmer." Ich schaute dir zu, wie du viele gelbe Zettel auf dein Schwein geklebt hast. Als du fertig warst, bist du aufgestanden und in deine Gruppe gegangen.
Sich mitteilen In einer Lerngemeinschaft mitwirken	Am nächsten Tag brachte dich dein Papa in die Kita. Du wolltest ihn nach dem Tschüss-Sagen aus der Kita rausschubsen und anschließend wieder im Büro Zettel schreiben. Dieses Mal auf die blauen Zettel und du hast sie auf den Kuschel-Elch geklebt.

Lieber Arian,

du hast es geschafft, deine Traurigkeit zu überwinden und engagiert einen Brief an deine Mama geschrieben. Obwohl es nicht ging, dass deine Mama dich wieder abgeholt hat, hast du einen Weg gefunden, wieder fröhlich zu sein, und es akzeptiert, dass du in der Kita bleiben musstest. Ich bin sehr stolz auf dich, dass du gelernt hast, wie du aus einer solchen Situation wieder herauskommst.

Vielleicht kannst du ja andere Kinder trösten, wenn sie traurig sind, und ihnen sagen, wie du es geschafft hast. Du weißt ja, wo die Klebezettel im Büro sind. Weißt du eigentlich, dass in der blauen Gruppe ein Kinderbüro ist? Dort kannst du ganz viel schreiben. Es gibt sogar echte Briefumschläge und viele verschiedene Stifte. Wenn du magst, geh ich mit dir dorthin.

Deine Judith

Kinder sind einzigartig – Eltern und pädagogische Fachkräfte auch

Unser Bild vom Kind

- Können Sie sich daran erinnern, wie es für Sie als Kind war, von Ihren Eltern getrennt zu sein? Wie haben Sie diese Trennungen erlebt?
- Wie haben Ihre Eltern auf diese Trennungen reagiert?
- Können Sie sich an das Wiedersehen erinnern?
- Welche Bedürfnisse könnte ein Kind haben, wenn es morgens in die Kita kommt oder nachmittags wieder zurück in die Familie geht?
- Wie unterstützen wir Kinder, ihre eigenen Bedürfnisse zu erkennen, verbal oder nonverbal zu äußern? Wann machen wir das, wann nicht?
- Bei welchem Kind fällt mir die Unterstützung schwer, bei welchem leicht? Warum?
- Welche Rituale fallen mir zu jedem Kind in meiner Gruppe ein?
- Bei wem muss ich länger überlegen? Warum?
- Wie sorgen wir dafür, dass Kinder sich in der Begrüßungs- oder Abschiedssituation selbstwirksam erleben?

Jedes Kind ist einzigartig und wertvoll. Jedes Kind lebt in seiner einzigartigen Familie, Gemeinschaft und Kultur. Der „Mensch kommt als ‚kompetenter Säugling' zur Welt. […] Ausgestattet mit funktionsfähigen Sinnesorganen und grundlegenden Kompetenzen ist er auf Kommunikation, Interaktion und damit auf den Dialog mit Erwachsenen vorbereitet. Bereits unmittelbar nach der Geburt beginnt der Säugling, seine Umwelt zu erkunden und mit ihr in Austausch zu treten und dadurch selbst einen aktiven Beitrag zur Aneignung seiner Umwelt zu leisten. Dies gilt gleichermaßen für Kinder, die mit einer Funktionsbeeinträchtigung aufwachsen und dadurch behindert […] sind" (Hessischer Bildungs- und Erziehungsplan, S. 20).

Jedes in seinem Tempo

Jedes Kind unterscheidet sich durch seine Persönlichkeit und Individualität von anderen Kindern. Es kommt mit unterschiedlichen Gewohnheiten, Fähigkeiten und Interessen in die Kindertageseinrichtung und ist einzigartig. Es hat sein eigenes Lern- und Entwicklungstempo. Mit unendlicher Geduld eignet sich das junge Kind alle Fähigkeiten der Motorik und Sprache an. Es zeigt eine hohe Frustrationstoleranz, wenn es zum Beispiel laufen lernt und dabei oftmals hinfällt. Immer wieder übt ein Kind weiter, fällt hin, steht wieder auf, bis das Kind es schafft, das Gleichgewicht zu halten. Die Kinder selbst freuen sich über ihre Entwicklungsschritte, sie sind stolz darauf und erleben sich als selbstwirksam.

Für Eltern eine Herausforderung

Jede Mutter und jeder Vater ist einzigartig und wertvoll. Eltern lieben ihre Kinder und es ist ihnen grundsätzlich wichtig, dass in der Kita eine sichere Betreuung stattfindet, damit ihr Kind sich gut entwickelt. Sie wollen das Beste für ihr Kind. Maßstab ist bei den meisten ihre eigene, kulturell geprägte Vorstellung einer wünschenswerten Entwicklung ihres Kindes. Zudem hat sich das Bild der Familie in den letzten Jahren deutlich gewandelt. Es ist inzwischen üblich, dass Mütter oder Väter bereits nach einem Jahr Elternzeit wieder ihre Berufstätigkeit aufnehmen. Kinder kommen demzufolge immer früher mit unterschiedlichen Formen der Betreuung in Kontakt.

Mit dem Beginn der Kindergartenzeit ihres Kindes müssen Eltern eine emotional herausfordernde Situation bewältigen. Sie übergeben am Morgen ihr junges Kind einer fremden Person, einer ersten pädagogischen Institution, in der es wahrscheinlich andere Regeln, Normen und Werte gibt als in der Ursprungsfamilie. Hinzu kommt, dass Eltern akzeptieren müssen, dass ihr Kind eine enge Beziehung zu Fachkräften aufnimmt. Ein großer Vertrauensvorschuss, der oft schwerfällt.

In Kontakt bleiben

Eltern wünschen sich auch Einblicke in den Kita-Alltag. Sie wollen sich, mehr oder weniger, gut informiert fühlen. Manchen reicht ein kurzes Tür-und-Angel-Gespräch, andere würden gerne stundenlang verweilen. Auf der anderen Seite erleben Fachkräfte, dass Eltern sich immer weniger aktiv einbringen, mitwirken, bereit sind, Aufgaben zu übernehmen. Das fängt beim Elternabend an und hört bei Helferdiensten bei Kita-Festen auf. Zunehmend signalisieren Eltern ein scheinbares Desinteresse an einer Kooperation mit der Kita bzw. den Fachkräften. Der Auftrag, mit Eltern zum Wohle des Kindes vertrauensvoll zusammenarbeiten zu müssen, wird zu einer stetig wachsenden Herausforderung für Fachkräfte.

Hier ist es wichtig, den Eltern keinesfalls fehlendes Interesse an ihrem Kind oder einen Mangel an Anerkennung für die pädagogische Arbeit der Fachkräfte zu unterstellen. Gehen Sie mit den Eltern in den Diskurs! Machen Sie den Eltern transparent, was Ihnen in der pädagogischen Arbeit wichtig ist. Gut informiert zu werden, ist eine Form der Wertschätzung und Anerkennung von Eltern in ihrer Elternrolle und ermöglicht es ihnen, sich als Mit-Akteure in der Kita zu verstehen.

Entwicklung begleiten, Lernen ermöglichen

Jede pädagogische Fachkraft ist einzigartig und wertvoll. Jede kommt aus einer einzigartigen Familie und Kultur. Fachkräfte verstehen sich als Entwicklungsbegleiter:innen der Lernprozesse ihrer ihnen anvertrauten Kinder. Sie begegnen Kindern authentisch und respektvoll. Sie wissen um deren hundert Sprachen und ihre Entwicklungsbedürfnisse. Sie verstehen sich als Gastgeber und fühlen sich verantwortlich für die Raumgestaltung, das Einhalten von Grenzen und ein entspanntes Klima. Ihnen ist wichtig, dass eigenverantwortliches und selbstbestimmtes Lernen möglich ist. Ihr eigenes „inneres Kind" ist einer jeden Fachkraft bekannt und vertraut. Pädagogische Fachkräfte sprechen mit Herz, Hand und Verstand.

Das Bild vom Kind als Grundlage des Handelns

Wenn Sie als pädagogische Fachkraft in Ihrem Team die Schlüsselsituationen „Begrüßung und Abschied" reflektieren möchten, sollten Sie sich unbedingt mit dem inneren „Bild des Kindes" auseinandersetzen – auch ein Blick zurück auf eigene Erfahrungen schadet nicht!

Beobachten heißt beachten

Kinder brauchen für ihre Entwicklung Erwachsene, die sie begleiten und in ihrem Tun unterstützen und bestärken. Das pädagogische Werkzeug der wertschätzenden Beobachtung gibt Ihnen Informationen, die nicht so offensichtlich sind, und wertvolle Einblicke in die Erlebniswelt der Kinder. Dabei soll das Kind nicht bewertet werden, sondern *Kinder beobachten* heißt *Kinder beachten*. Beobachten Sie, wie sich das Kind und seine Eltern beim Ankommen oder Abholen verhalten. Achten Sie darauf, ob sich das Kind wohl fühlt oder ob es Anzeichen von Stress und Anspannung zeigt. Welche Rituale gibt es in diesen Situationen zwischen Eltern und Kind? Reflektieren Sie die Situationen mit den Eltern. Tauschen Sie sich mit den Eltern über die Beobachtungen aus.

Kinder sind Ko-Konstrukteure ihrer Entwicklung

Kinder haben das Recht, beteiligt zu werden – auch bei der Auswertung der Beobachtungen. Ihre Frage an das Kind sollte also lauten: „Ist das, was ich beobachtet habe, auch das, was du in dieser Situation erlebst?" Ist das sprachlich (noch) nicht möglich, lohnt sich eine Fallbesprechung im Team, bei der eine Fachkraft aus der Perspektive des Kindes spricht.

Kinder in der Begrüßungssituation am Morgen und in der Abschiedssituation am Ende des Kita-Tages zu beobachten, gibt außerdem Aufschluss über die Interaktionsqualität zwischen Eltern und Kind (ohne diese zu

Praxisbeispiel

„Ich will nach Hause!"

Die vierjährige Ansley weint seit einigen Tagen bei der Verabschiedung am Morgen. Das ist sehr ungewöhnlich, denn Ansley hatte sich erfolgreich in der Kita eingelebt, kam morgens meist fröhlich und plaudernd in die Kita und verabschiedete ihre Mutter ohne sichtbare Schwierigkeiten. Auch Erzieherin Johanna, zu der Ansley eine enge Beziehung hat, ist ratlos. Auf Nachfrage sagt das kleine Mädchen zu ihr: „Ich will nach Hause zu meiner Mama. Die Kita ist doof, ich will hier nicht bleiben!" Auch die anderen Kinder haben keine Idee mehr, wie sie Ansley zum Spielen einladen können. Alle Einladungen wehrt sie ab. Johanna fragt sich, was sich verändert haben könnte. Aus ihrer Perspektive scheint Ansleys neues Verhalten plötzlich zu sein. Kann es sein, dass sich für das Kind die Situation ganz anders darstellt? Johanna beschließt genauer hinzuschauen, was da bei Ansley gerade passiert. Ob es mit der Geburt der kleinen Schwester zusammenhängt? Ansleys Mutter ist alleinerziehend und bisher schienen Mutter und Kind ein eingeschworenes Team zu sein. Johanna beschließt, Ansley bei der Begrüßung am Morgen zu beobachten.

bewerten!). Gleichzeitig erfahren Sie etwas über die individuellen Abschiedsrituale. Eltern wiederum melden häufig zurück, wie hilfreich das Beobachten der Interaktion zwischen Fachkraft und Kindern in der Eingewöhnungsphase für sie selbst ist. Über den Austausch der Beobachtungen und Erfahrungen kann so ein Skript entstehen, ein Drehbuch, wie das Kind bei den Übergängen optimal begleitet werden kann.

Erster Schritt: Beobachten

Johanna beobachtet Ansleys Interaktion mit ihrer Mutter; sie nimmt wahr, was genau geschieht: Wie kommen Mutter und Kind am Morgen an der Haustür vor der Kita an? Wie geschieht das Betreten der Kita, was an der Garderobe? Wie versucht Ansley die Situation des Abschieds zu bewältigen? Wie agiert und reagiert die Mutter? Ganz wichtig ist, dass Johanna ihre eigene Vermutung (es liegt an der Geburt des Schwesterchens) in der Beobachtung hintenanstellt und bewusst offen ist für das, was sie tatsächlich sieht und hört.

Zweiter Schritt: Hinterfragen, einschätzen

Im nächsten Schritt schaut Johanna wertschätzend auf die Verhaltensweisen von Ansley und ihre Bemühungen, die Situation zu bewältigen. Johanna beobachtet, dass Ansley meist hinter der Mutter hergeht, wenn diese sich der Haustür nähert. Immer wieder muss die Mutter ihre Tochter auffordern sich zu beeilen. Die Mutter hält die Haustüre auf und Ansley geht mit langsamen Schritten und gesenktem Kopf in die Kita oder fängt bereits vor der Haustür an zu schreien. Am Garderobenplatz lässt sie sich von der Mutter trösten, dabei sitzt sie meistens auf ihrem Schoß und sucht Körperkontakt. Das geht ein paar Minuten so, bis die Mutter Ansley auf ihre Füße stellt, ihr sagt, dass sie ein großes Mädchen und es in der Kita mit den anderen Kindern doch schön sei. Ansley steckt sofort den Daumen in den Mund und fängt an zu weinen. Die Mutter geht mit der Aussage, dass sie jetzt nach Hause zum Baby müsse. Sie versichert Ansley, sie ganz pünktlich nach dem Mittagessen abzuholen. Ansley beruhigt sich nach einigen Minuten, klettert auf den Schoß einer Erzieherin und nuckelt weiter. Schließlich lässt sie sich auf die Spielangebote ihrer Freund:innen ein. Sie wirkt den Rest des Kita-Tages ausgeglichen, bleibt jedoch weinerlich, wenn Konflikte entstehen.

Dritter Schritt: Perspektive des Kindes einbeziehen

Johanna möchte Ansley in ihre Wahrnehmung einbeziehen. Sie fragt Ansley, wie diese die Abschiedssituation am Morgen erlebt. Was ist denn plötzlich so schwierig? Wie geht es ihr und warum möchte sie denn nicht mit ihren Freunden spielen? Dann fragt Johanna, was sie gemeinsam tun könnten, um die Situation zu meistern.

Vierter Schritt: Schlussfolgerungen, Meinungen und Perspektiven zusammenführen

Gemeinsam bespricht Johanna im Team die Erkenntnisse aus den Schritten 1 bis 3. Hinzu kommen noch Beobachtungen von ihren Gruppenkolleginnen, die diese von Johanna, Ansley und ihrer Mutter in der Abschiedssituation gemacht haben. Gemeinsam reflektieren und ergänzen sie die gewonnenen Erkenntnisse. Daraus entwickeln sie gemeinsam Zielvereinbarungen:
Johanna will Ansleys Mutter zu einem Elterngespräch einladen und sie bitten, während des Gespräches einen Babysitter für die Kinder zu organisieren, damit sie ohne Ablenkung reden können.
Sie möchte von der Mutter erfahren, wie sie die morgendliche Situation erlebt. Was äußert Ansley über die Situation? Worunter lei-

det sie und welche Ideen und Lösungsvorschläge gibt es?

Außerdem möchte Johanna wissen, wie die Familie im privaten Bereich Begrüßung und Abschied gestaltet. Welche Rituale gibt es zum Beispiel, wenn Ansley bei ihrer Oma bleibt oder wenn ein Babysitter da ist und die Mutter weggeht? Vielleicht kann man die Rituale in der Kita angleichen.

Das Thema „Geschwister" beschäftigt zurzeit auch andere Kinder in der Kita. Das Team überlegt, es als Thema für den Stuhlkreis oder Morgenkreis anzubieten, um mit den Kindern darüber zu sprechen. Vielleicht wird es sogar ein Projektthema.

Fünfter Schritt: Umsetzung im Alltag

Johanna und Ansleys Mutter haben gemeinsam folgende Rituale erarbeitet:
Sie gestalten den Weg zur Kita bewusst, das heißt: Mutter und Tochter gehen Hand in Hand zur Haustüre, es sei denn, Ansley möchte es nicht. Auf das Baby passt so lange die Oma auf. Ansley darf den Türöffner betätigen und gemeinsam drücken sie die Haustüre auf. Die Mutter begleitet Ansley in ihrem Tempo, unterstützt sie bei Bedarf beim Umziehen und gewährt ihr einen kurzen Moment des Körperkontaktes, ohne Ansley zu bemitleiden. Sie spiegelt dem Kind dessen Gefühle: „Ich sehe, dass du traurig bist. Das ist in Ordnung."

Die Mutter übergibt Ansley einer vertrauten Erzieherin und verlässt die Kita. Die Erzieherin und Ansley gehen zum Fenster und winken der Mutter noch mal nach. Es ist okay, wenn Ansley weint und so ihre Gefühle zeigt. Die Fachkraft spiegelt Ansley ihre Gefühle und bietet ihr eine Lösung an. „Ich sehe, dass du traurig bist, du weinst und es laufen viele Tränen aus deinen Augen. Ich kann dich trösten und du kannst auf meinem Schoß sitzen, bis es dir besser geht." Zu Hause darf Ansley öfter bei der Pflege des Babys mithelfen.

Im Überblick

1. Beachten beim Beobachten: Sie sehen das Kind mit seinem Thema.
2. Hinterfragen, einschätzen: Welche Ursachen könnten hinter dem gezeigten Verhalten stecken? Kann ich es auch anders verstehen? Wie erlebt das Team das Kind? Wertschätzend auf die Verhaltenswege des Kindes und seine Bemühungen, die Situation zu bewältigen, schauen.
3. Perspektive des Kindes mit einbeziehen.
4. Schlussfolgerung, Meinungen und Perspektiven zusammenführen.
5. Umsetzung im Alltag.
6. Überprüfen: Nach einiger Zeit beginnen Sie wieder bei Punkt 1.

Begrüßung und Abschied praktisch *umgesetzt*

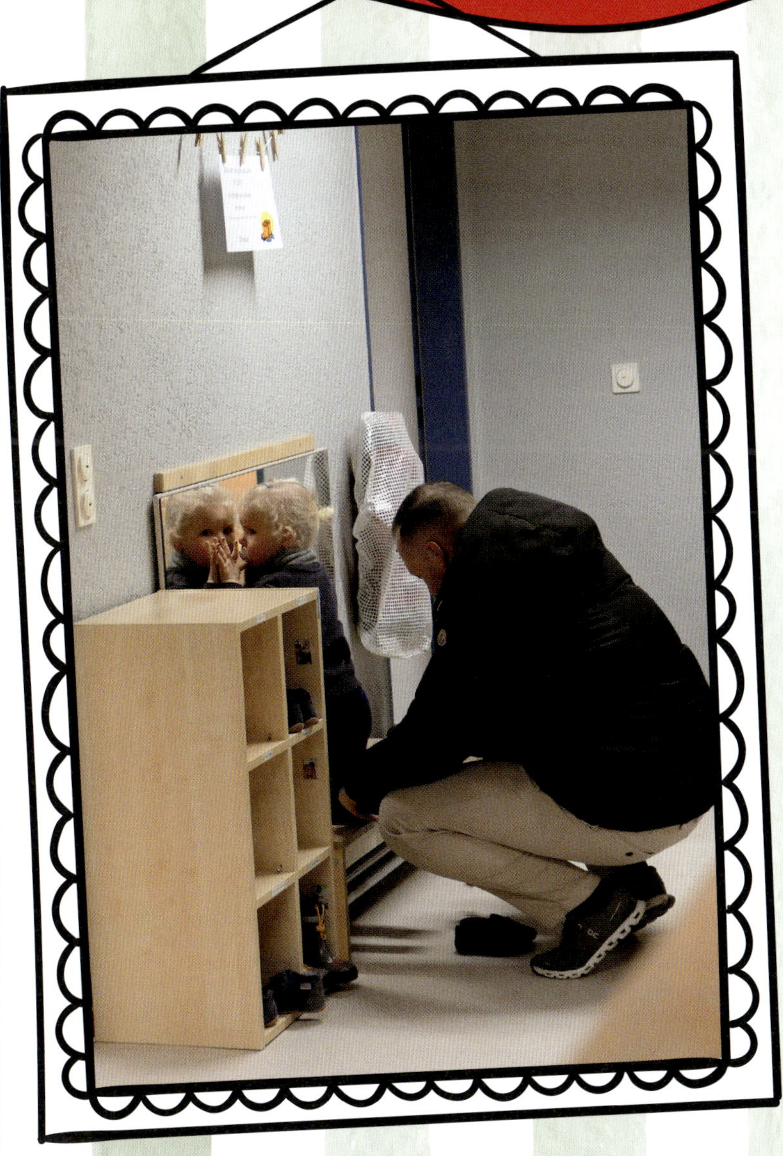

Wenn die Eltern am Morgen die Kita wieder verlassen

Rituale sind wiederkehrende Handlungen, die stets gleich oder nahezu unverändert ablaufen. Sie bewirken Ruhe, Entspannung, Orientierung im oft hektischen und strukturlosen Alltag. Vor allem für Kinder sind wiederkehrende Handlungen wichtig, denn sie geben ihnen Halt und einen strukturierten Tagesrhythmus. Rituale vermitteln Sicherheit und geben Orientierung, sich in schwierigen Lebenslagen zurechtzufinden, bei der Bewältigung von neuen und ungewohnten Situationen, beispielsweise in Ablösesituationen von Eltern oder beim Übergang in den Kindergarten.

Rituale bieten sich im Tagesablauf an, um Kindern vom ersten Tag an Geborgenheit zu vermitteln. Rituale, die das Kind beim Übergang in und von der Kita unterstützen, sind zum Beispiel:

- Begrüßungs- und Abschiedslieder.
- Ein persönlicher Gegenstand, den Mama oder Papa morgens in der Kita zurücklässt (und der stellvertretend für das Elternteil dableibt).
- Lieblingslieder von zu Hause, die in der Kita angehört werden können.
- Das Kind „fliegt" vom Arm der Bezugsperson in den Arm der Fachkraft.
- Familienbilder oder -bücher anschauen.

Das Winkefenster

Manchen Kindern und Eltern erleichtert es den Abschied, wenn sie sich noch einmal zuwinken. Entweder ist das Fenster im Gruppenraum so hoch, dass ein Kind selbstständig rausschauen und winken kann, oder Sie fragen das Kind, ob es auf den Arm genommen werden möchte, und winken gemeinsam Mama und Papa nach. Lenken Sie die Aufmerksamkeit des Kindes auf Dinge, die draußen passieren. „Schau, da steht das rote Auto von Papa. Das ist ja ein großes Auto. Da läuft die kleine Katze … Hallo, Katze! Jetzt fährt Papa los. Schau, Papa winkt dir noch zu. Tschüss, Papa. Bis heute Nachmittag." Ihr Stimmklang (Tonalität) sollte ruhig, zugewandt und warm sein, um einen beruhigenden Effekt zu erzeugen. Ein sehr inniger Moment zwischen Fachkraft und Kind. Es gibt aber auch Kinder, bei denen das Winken den Abschiedsschmerz noch erhöht. Dann sollte darauf verzichtet werden und die Verabschiedung ohne das Winkefenster erfolgen.

Familienbilder oder Mini-Familienalbum

Fotos von der Familie des Kindes können für Kinder eine stärkende Wirkung haben und sollten im Raum so platziert sein, dass das Kind jederzeit Zugriff hat. Schön ist es, wenn die Eltern die Fotocollage oder das Mini-Album gemeinsam gestaltet haben und das Kind beteiligt ist. Zum Beispiel, indem man Familienfotos auf ein Blatt Papier klebt, das noch bunt verziert wird. Das Papier wird laminiert und mit einem Schlüsselring zusammengehalten.

Orientierungshilfen

Es ist sinnvoll, wenn Kinder ihr Ankommen in der Kita sichtbar machen, etwa wenn sie einen Magneten mit ihrem Foto auf eine Willkommenstafel heften und damit deutlich machen: „Ich bin jetzt in der Kita angekommen! Ich bin da!" Emma könnte in diesem Fall auf der Willkommenstafel nachschauen, ob ihre Freundin Jinjin schon in der Kita ist. Auch die Fachkräfte könnten mit einem Fotomagneten signalisieren, dass sie heute im Dienst sind.

„Ich weiß gar nicht, ob meine Freundin Jinjin heute kommt. Übergestern war sie auch nicht in der Kita. Ich guck schon die ganze Zeit an der Garderobe, ob ihre Jacke da hängt. Aber ist nicht. Die könnten ja mal anrufen, ob sie kommt oder nicht. Dann ist mir nicht so langweilig." (Emma, 5 Jahre)

Immer mehr Kitas erweitern ihre täglichen Betreuungszeiten. Viele öffnen bereits um 7:00 Uhr und schließen nachmittags um 17:00 oder 18:00 Uhr. Im Herbst und Winter ist es um diese Uhrzeit bereits dunkel. Kinder müssen morgens meistens geweckt werden und ihr individueller Biorhythmus wird übergangen – ein sehr sensibles Zeitfenster im Tagesablauf, das es sorgfältig zu planen gilt. Rituale können bei der Bewältigung der Begrüßungssituation eine gute Unterstützung sein. Robin hält Körperkontakt zu seinem Vater. Jeden Morgen gehen sie Hand in Hand zur Kita-Haustür. Robin drückt auf den Summer und sein Vater drückt die Tür auf. Dann gehen sie zur Gar-

Praxisbeispiel

„Ich bin noch so müde!"

Montagmorgen, kurz nach 7:00 Uhr in der Kita Regenbogen. Hand in Hand kommt der vierjährige Robin mit seinem Vater in die Einrichtung. Draußen ist es zu dieser Jahreszeit noch richtig dunkel. Robins Eltern leben getrennt, er hat das Wochenende bei seinem Vater verbracht, heute Nachmittag holt seine Mutter ihn von der Kita ab. Ein Rhythmus, den Robin kennt, der ihm jedoch immer noch schwerfällt. „Wann holt mich Mama denn ab?", fragt er seinen Vater, der ihm beim Jacke-Ausziehen hilft und Robins Reisetasche abstellt. „Direkt nach dem Nachmittagssnack, um 15:00 Uhr", antwortet der Vater geduldig. „Hast du es ihr auch gesagt?", vergewissert sich Robin nochmals. „Ja, das habe ich, und Mama hat es versprochen. Sie ist sicherlich pünktlich", beruhigt der Vater seinen Jungen. „Papa, ich bin noch so müde. Kann ich mit dir fahren? Ich will bei dir bleiben", fängt Robin an zu quengeln und klettert auf Papas Schoß. „Nein, mein Großer, das weißt du doch. Schau mal, da kommt Sabine!" Sabine ist Robins Lieblingserzieherin. Sie weiß, dass diese Situation sehr sensibel ist und sie Robin achtsam begleiten muss. Freundlich begrüßt sie die beiden, setzt sich zu ihnen auf die Garderobenbank und wartet auf ein Signal von Robin. Als sie das Gefühl hat, dass Robin so weit ist, ergreift sie die Initiative und sagt: „Jetzt ist es Zeit. Wir bringen gemeinsam Papa zur Haustür und du kannst ihn verabschieden!" Sabine hält die Tür auf und Robin tut so, als würde er seinen Vater rausschieben. Der Vater lässt sich auf das Spiel ein und springt zur Haustür raus. Er winkt Robin nochmal zu und steigt in sein Auto. Robin schmunzelt und geht mit Sabine Hand in Hand in den Gruppenraum.

derobe, Robin zieht sich um, der Vater setzt sich zu ihm. Meistens klettert Robin auf seinen Schoß und kuschelt noch ein wenig. Sabine wartet eine Weile, bis sie Robin und Papa begrüßt. Sie folgt den Interessen des Kindes. Am besten funktioniert das Verabschieden, wenn seine Lieblingserzieherin Dienst hat. Mittlerweile akzeptiert Robin jedoch auch die anderen Fachkräfte. Von Sabine wissen alle Kolleg:innen, welche Rituale sich etabliert haben und dass Robin Zeit braucht, um sich vom Vater zu lösen und an der Beziehung zur Fachkraft anknüpfen zu können. Im Laufe der Zeit wird sich der Zeitrahmen, der jetzt noch benötigt wird, verkürzen. Beim Abschied vom Vater oder der Mutter ist Robin aktiv beteiligt. Er wird nicht von den Eltern getrennt, sondern geht selbstständig zur Haustür und symbolisch schubst er den Vater oder die Mutter aus der Kita und ist somit Akteur.

Das Übergangsobjekt

Die individuellen Übergangsobjekte, die viele Kinder mit in die Kita bringen, haben eine große Bedeutung. Sie sind eine Brücke von der noch fremden Kita zu dem vertrauten Zuhause und füllen die Lücke zwischen Kind und primärer Bezugsperson. Meist handelt es sich um ein materielles Objekt (Schmusetuch, Kuscheltier, Lieblingsspielzeug, Mamas Halstuch o. Ä.), das es dem Kind ermöglicht, den Übergang von der ersten frühkindlichen Beziehung zur Mutter zu reiferen Beziehungen zu vollziehen. (vgl. Winnicott, 1978, S. 20) Einem Kind sein Übergangsobjekt vorzuenthalten oder wegzunehmen, ist eine Grenzverletzung, die mit konsequenter Erziehung nichts zu tun hat.

Schnuffel ist ein vorübergehender Ersatz für Victors Mütter. Je tiefer die Bindung des Kindes an das Übergangsobjekt ist, desto größer ist dessen stressentlastende, emotional regulierende Wirkung. Das Festhalten an einem Übergangsobjekt ist eine hervorragende Strategie des Kindes, sich selbst zu regulieren und Stress abzubauen. Man darf nicht vergessen, dass das Kind sich an viele neue Menschen und Abläufe gewöhnen muss, und zwar ohne die primären Bindungspersonen. Das Wegnehmen oder Verwehren des Übergangsobjektes kann ein Kind in eine emotionale Krise stürzen und bestehende Beziehungen zur Fachkraft gefährden. Jedes Kind hat das Recht auf Schutz und Sicherheit – ein Übergangsobjekt kann für ein Kind genau dies bedeuten.

Praxisbeispiel

„Das ist Schnuffel!"

Victor ist neu in der Kita. Jeden Tag kommt er mit seinem Stoffhund Schnuffel in die Kita. Schnuffel begleitet Victor schon, seit er ein Baby war. Er hat den Auftrag, Victor zur Seite zu stehen, wenn sich seine Mütter morgens von ihm verabschieden. Victor presst Schnuffel dann ganz dicht an seine Nase und lutscht am Daumen. Mit Schnuffel unter der Nase ist das Loslassen von Mama und Mama und das Eintreten in den Gruppenraum leichter möglich. Erst nach einiger Zeit kommt Victor ohne seinen Daumen aus und auch Schnuffel sitzt immer öfter ohne Victor auf dem Gruppensofa. Wenn Victor sich im Laufe des Tages emotional belastet fühlt, geht er zum Sofa und holt sich seinen Tröster Schnuffel. Kleine emotionale Herausforderungen, die im Alltag vorkommen (z. B. der Wechsel zum Frühstückstisch), schafft Victor schon ohne Schnuffel. Victor lernt so mit der Zeit, eine gewisse Frustrationstoleranz aufzubauen und – Schritt für Schritt – ohne sein Übergangsobjekt herausfordernde Situationen zu bewältigen.

Ein Blick zurück

- Welches Übergangsobjekt hatten Sie als Kind?
- Was haben Sie alles mit ihm erlebt?
- Gibt es das Übergangsobjekt heute noch? Gibt es Fotos?
- Wie hätten Sie sich gefühlt, wenn man Ihnen das Übergangsobjekt weggenommen hätte?
- Haben Sie heute auch einen „Glücksbringer"? Welche Verbindung haben Sie dazu?

Komm, erzähl mir, wie's dir geht ...

Nur wer miteinander redet,
redet nicht aneinander vorbei.
(Redewendung)

Kinder sind nicht ausschließlich auf verbale Kommunikation beschränkt, sie drücken sich häufig nonverbal durch Körpersprache und ihr Verhalten aus. Jeder Mensch, unabhängig von Herkunft, Geschlecht und Kultur, hat seine eigene individuelle Körpersprache. Aus eigener Erfahrung weiß ich, dass ich im Laufe meiner Arbeit mit Kindern auch privat sehr häufig Körpersprache einsetze. Das fällt mir persönlich besonders auf, wenn ich mit Menschen aus einem anderen Land in Kontakt gehe. Ich versuche mit Gesten, Blicken und Äußerungen etwas zu sagen, in der Hoffnung, dass der andere mich versteht. Die Körpersprache ist eine Symbolsprache: Gesten und Bewegungen enthüllen das Unbewusste und Bewusste, die verschleierten Gefühle und die Bedürfnisse des Menschen. Ein Kind, das bei der morgendlichen Begrüßung unsicher ist, versteckt sich vielleicht hinter dem Vater, bis es Sicherheit gewonnen hat und Blickkontakt aufnimmt. In verbaler Sprache übersetzt könnte dies heißen: „Ich brauche noch einen Moment Zeit, um mich zu orientieren und Vertrauen zu gewinnen."

Nonverbale Kommunikation braucht Achtsamkeit und Zeit

Kinder brauchen Erwachsene, die sich Zeit nehmen, um das Kind selbst ausdrücken zu lassen, was es beschäftigt oder will. Manche Kinder kommen morgens freudig in die Kita, bleiben abrupt stehen, schauen sich um und halten zunächst inne. Es scheint, dass sie sich zunächst orientieren müssen, bevor sie mit den anderen Kindern in Kontakt gehen. Je schneller und ungeduldiger wir diesen Kindern begegnen, ihnen unser Tempo aufdrängen („Nun geh schon rein, du kennst doch hier alles!"), sie von ihren Schwellen zum Weitergehen motivieren, umso unsicherer werden sie. Das gilt auch für Situationen, in denen wir viel zu viel reden und Kinder damit überfordern.

- Wie aufmerksam nehmen Sie wahr, wenn Kinder beim Bringen oder Abholen etwas erzählen möchten?
- Wie gelingt es Ihnen in den Bring- und Abholzeiten, die Gesprächsbedürfnisse der Kinder und Eltern zu befriedigen? Auch, wenn alle gleichzeitig auf Sie einreden?

Praxisbeispiel

„Guck mal, mein Seepferdchen!""

Montagmorgen – Herr Müller und seine Tochter Frida betreten die Kita. Frida hält etwas in der Hand. Sie war am Wochenende im Schwimmbad und hält das funkelnagelneue Schwimmabzeichen in der Hand. Das will sie Johanna, ihrer Lieblingserzieherin, und den Kindern zeigen. Eine Erzieherin, die sich im Flur befindet, sagt im Vorbeigehen: „Guten Morgen, Herr Müller, guten Morgen, Frida. Das ist vielleicht ein Wetter! Wart ihr gestern auch beim Stadtfest? Also, die armen Aussteller. Alles verregnet. Wenn ich mir vorstelle, dass es beim Sommerfest nächste Woche auch so schüttet! Die ganzen Vorbereitungen fallen buchstäblich ins Wasser! Na, das wird was werden!" Weg ist sie.

Jonas, der Praktikant, kommt auf die beiden zu: „Guten Morgen – hallo, Frida. Du hast ja eine schöne Jacke! Ist die neu? Beeilt euch ein bisschen, ja?! Wir wollen noch das Sommerfestlied üben. Obwohl … willst du vielleicht lieber erst frühstücken? Oder doch mit mir kommen? Ist deine Freundin auch schon da? Ihr beide singt doch das Solo … Hoffentlich funktioniert das auch. Na ja, Freitag war es ja auch gut. Obwohl, ihr müsst laut singen und den Mund dabei weit aufmachen. Guck, sooo … Ich hole schon mal meine Gitarre. Und vergiss das Frühstück nicht!" Frida hält das Schwimmabzeichen hoch und sagt: „Guck mal, was ich hier habe. Weißt du, wo ich mit meinem Papa war? Wir waren …" – aber Jonas ist schon im Gruppenraum verschwunden.

Der Kita-Leiter kommt auf Herrn Müller und Frida zu. „Guck mal ...", beginnt Frida aufs Neue. „Moment, Frida, warte noch, ich muss deinem Papa was Wichtiges sagen. Herr Müller, haben Sie einen Moment Zeit für mich? Geht ganz fix. Irgendetwas ist mit der Abrechnung schief gegangen und ich muss sie in fünf Minuten freigeben. Wäre also gut, wenn Sie direkt … Ach, Frida, du bist ja schon groß, zieh schon mal deine Hausschuhe an und die Jacke aus. Deinen Zettel kannst du so lange in den Kasten legen. Was hast du denn da? Oh, das Seepferdchen? Toll, wann hast du das denn gemacht? Jetzt erzähl doch mal, Frida? Oder bist du wieder schüchtern, du kleiner Angsthase. Du kannst es doch erzählen. Herr Müller, wenn wir dann ins Büro gehen …?"

STOPP! Wie würde es Ihnen ergehen, wenn Sie Frida wären? Die Situation des Ankommens in der Kita ist die erste Möglichkeit des Tages, mit jedem einzelnen Kind in Kontakt und Interaktion zu treten. Allerdings sollte dies achtsam geschehen und die Kinder nicht mit Fragen überflutet werden. Kinder reagieren mit Abwehr und Weinen auf überfordernde Situationen. Sie brauchen genügend Zeit, um sich auf eine neue Situation einzustellen und die Anpassungsleistung zu bewältigen. Eine achtsame, feinfühlige und wertschätzende sprachliche Begleitung mit ganzer Aufmerksamkeit auf Frida gerichtet wäre hier angemessen gewesen. Auf keinen Fall sollte Kindern das Sprechen verboten oder sich über sie lustig gemacht werden.

Achtsamkeit üben

Vielleicht sollten wir Erwachsenen auch ab und zu oder in stressigen Situationen für eine Minute innehalten und uns sammeln. Mit der Achtsamkeit verhält es sich wie beim Sport: Immer mal wieder eine kurze Übung zu machen ist wirkungsvoller als ab und zu eine lange. Für diese hier braucht es, wenn überhaupt, eine Minute! Hin und wieder unseren inneren Zustand zu erspüren dient der Selbstfürsorge und bewährt sich insbesondere in stürmischen Zeiten.

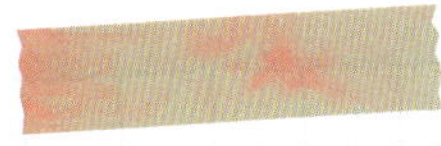

- A wie Anhalten
- B wie Boden unter den Füßen spüren
- A wie Atmung im Körper wahrnehmen
- B wie bei sich vorbeischauen (Gedanken, Gefühle, Körperempfindungen erkunden)

In die Kita kommen und wieder nach Hause gehen

Manche Kitas haben festgelegte Zeitfenster, in denen Eltern ihre Kinder morgens in die Kita bringen bzw. wann sie die Kinder am Ende des Kita-Tages wieder abholen können. Das hat Vor-, aber auch Nachteile. Dafür spricht, dass Bildungsprozesse, Rituale und Angebote gemeinsam begonnen und wieder beendet werden können. Die Kinder kommen so eher in Spielprozesse. Angebote und Förderprogramme können längerfristig geplant werden und die Kinder können sich gut im immer gleichen Tagesablauf orientieren. Persönliche Besonderheiten der Familie finden dadurch aber keine Beachtung, beispielweise von Eltern, die in Schichtarbeit tätig sind und morgens mehr Zeit mit ihren Kindern verbringen können als abends. Außerdem wird der Biorhythmus der Kinder nicht beachtet. Sie müssen morgens geweckt werden und können nicht individuell in die Kita kommen.

Wenn der Betrieb schon läuft

Gibt es in der Kita keine festgelegten Bringzeiten, kommt es auch vor, dass Kinder während der selbstbestimmten Spielphasen in die Kita gebracht werden. Meist zwischen 8:00 und 10:00 Uhr. In dieser Zeit haben sich die ersten Spielgruppen gefunden und Fachkräfte sind in Interaktionen der Kinder eingebunden. In dieser Situation allen vorhandenen und neu ankommenden Kindern mit ihren Eltern gerecht zu werden, ist eine große Herausforderung.

Und doch haben auch diese Familien das Recht, achtsam und einfühlsam begrüßt zu werden. Ein Dilemma, dem man vorbeugen sollte. Manche Kitas haben zur verbesserten Arbeitsorganisation eine Rezeption, einen zentralen Empfang im Flur eingerichtet, an dem Kinder und Eltern persönlich begrüßt werden. Die Erfahrungen damit sind unterschiedlich – während die eine Gruppe von Eltern und Kindern sehr zufrieden damit ist, bemängeln (gerade im ländlichen Raum) andere Eltern den fehlenden persönlichen Kontakt zur pädagogischen Fachkraft, die sie kennen und der sie vertrauen.

Blick in die Praxis

„Flurfrau" – mehr als nur Rezeptionistin

In der Kita „Die Buntspechte" hat man nach anfänglichen Schwierigkeiten gute Erfahrungen mit dem zentralen Anlaufpunkt einer Rezeption gemacht. Die pädagogische Fachkraft Christina hat die Aufgabe einer Rezeptionistin, einer „Flurfrau", wie die Kinder sie nennen, übernommen. Was sich erst mal anhört wie ein Job in einem Hotel, ist eine umfassende pädagogische Aufgabe. Christina hält sich morgens an einem Empfangstisch (Rezeption) im Flur auf und ist Ansprechpartnerin für alle ankommenden Kinder und Eltern. Eine freundliche, persönliche, namentliche Begrüßung wirkt Wunder. Aufmunternde Worte wie „Schön, dass du da bist!" oder „Wir haben dich vermisst. Deine Freunde Anna und Max warten schon auf dich" oder „Heute gibt es zum Frühstück Marmelade, für die du letzte Woche die Erdbeeren gepflückt hast!" haben eine starke Wirkung. Diese erste Anlaufstelle ist die Zentrale der Kita und von großer Bedeutung, weil Kinder und Eltern sich angenommen und gesehen fühlen. (Vgl. Betz 2020, S. 11 ff.)

Christina berichtet, dass es durchaus Konflikte im Team gegeben hatte, wer die Rolle der „Flurfrau" übernimmt. Von „Ich bin Erzieherin und arbeite nicht im Hotel!" bis „Wenn ich den Verkehr hätte regeln wollen, wäre ich Polizistin geworden!" wiesen die meisten Kolleg:innen die Aufgabe zurück. Christina aber hatte Lust und die Kompetenz, diese Aufgabe zu übernehmen. Und ist glücklich damit. „Der Vorteil ist, dass ich mich vollkommen auf die ankommenden Kinder konzentrieren kann und nicht gleichzeitig Aufgaben im Gruppenraum übernehmen muss. Die Kolleginnen und Kollegen in der Gruppe übernehmen dann die Kinder." Christina berichtet weiter, dass es auch immer wieder Kinder gibt, die ihr bei ihren Aufgaben helfen. Sie üben sich im Führen von Anwesenheitslisten, lernen, sich am Telefon zu melden und Gäste zu empfangen. (Vgl. Betz 2020, S. 11 ff.)

Das Spiel ist aus, ich geh nach Haus …

Dürfen Kinder allein von der Kita nach Hause gehen? Die Aufsichtspflicht der Kita endet, wenn das Kind einer abholberechtigten Person ordnungsgemäß übergeben wurde oder das Kind die Einrichtung vereinbarungsgemäß verlassen hat. Die Kita ist verpflichtet, klare Absprachen mit den Personenberechtigten zu treffen, ob und von wem das Kind abgeholt wird oder ob das Kind allein nach Hause gehen darf. Unklarheiten hinsichtlich dieser Vereinbarung gehen in der Regel zulasten der Kita. Wünschen sich die Eltern, dass ihr Kind allein nach Hause geht, ist grundsätzlich nichts dagegen einzuwenden, es sei denn, die pädagogischen Fachkräfte halten dies wegen der besonderen Gefährlichkeit des Heimweges für unverantwortlich. Pädagogische Fachkräfte haben eine Fürsorgepflicht für die ihnen anvertrauten Kinder. Sie dürfen Kinder deshalb nicht wider besseres Wissen in eine Gefahr entlassen. Der Einrichtung sollte eine Einwilligung, dass das Kind allein gehen darf, schriftlich zugehen. Die Verantwortung für den Weg zur Kita und für den Nachhauseweg liegt bei den Eltern. (Vgl. Schnurr 2013, S. 32)

Frau Beckers Sohn Daniel wird nächstes Jahr eingeschult und darf sich allein auf den Weg in die Kita machen. Im Interview erzählt sie, wie gut das klappt.

Frau Becker, Ihr Sohn geht den Weg zur Kita ohne elterliche Begleitung – wie kam es dazu?
Daniel konnte es gar nicht erwarten, seinen sechsten Geburtstag zu feiern. Wir hatten ihm versprochen, dass er dann morgens ohne uns in die Kita gehen darf. Für ihn ist das DAS Merkmal, dass er jetzt wirklich groß ist.

Wie hat sich das denn für Sie angefühlt? Hatten Sie Bedenken?
Ich nicht *(lacht)* – aber meine Mutter hatte große Bedenken! Was da alles passieren könne! Man würde ja so viele schreckliche Dinge in der Zeitung lesen. Der Junge sei doch noch viel zu klein dazu. Sie habe uns auch immer in den Kindergarten gebracht und wieder abgeholt. Die Zeit müsse ich doch für mein Kind haben. Und, ob sie ihn vielleicht bringen und abholen solle *(lacht noch mal)*. Na ja, meine Mutter ist eben schon etwas älter.

Sie sehen das anders?
Vertrauen in mein Kind und Zutrauen schafft Selbstvertrauen! Das ist meine Devise. Ich kenne mein Kind doch. Ich habe Vertrauen in ihn. Er will und darf eigenständig sein und ist stolz, wenn er eine Herausforderung geschafft hat.

Also haben Sie eines Morgens die Haustüre aufgemacht und gesagt „Dann mal los!" oder wie sind Sie vorgegangen?
Natürlich nicht! *(Lacht und schüttelt den Kopf)* Mein Mann und ich haben zunächst mit Daniel gesprochen und sind den Weg zur Kita ganz bewusst und langsam mit ihm abgegangen. Im nächsten Schritt haben wir ihn bis zur Kurve vor der Kita begleitet, dann haben wir noch ein wenig weiter weg gewartet und schließlich ist er den ganzen Weg allein gegangen. Nachdem wir zusammen mit Daniel der Kita-Leitung Bescheid gegeben und dort die Einverständniserklärung abgegeben haben, durfte er dann das erste Mal ganz allein gehen. Ich habe nach fünfzehn Minuten in der Kita angerufen, um mich zu vergewissern, ob er auch gut angekommen ist. Das mache ich heute immer noch so. Schließlich wissen die Erzieher:innen nicht, wann Daniel genau zu Hause losläuft. Es funktioniert alles prima und als angenehmer Nebeneffekt für meinen Alltag muss ich morgens jetzt nicht immer den kleinen Bruder in den Kinderwagen einpacken und mitnehmen.

Somit profitiert die ganze Familie davon?
So ist es. Von der Kita abholen werden wir Daniel weiterhin. Denn wir wollen den engen Kontakt zur Kita beibehalten. Da fällt mir ein – irgendwie ist es auch schon eine Vorbereitung auf den Abschied von der Kita in die Schule. Also für Daniel und für mich.

Kiss and bye – Eltern müssen draußen bleiben!

Die Corona-Pandemie brachte mit sich, dass Eltern die Kita eine Zeitlang nicht betreten durften. Ausnahmen waren Unfälle oder Eingewöhnungsphasen. Die Kinder wurden vor oder an der Eingangstüre einer pädagogischen Fachkraft übergeben, anstatt sie bis zur Garderobe zu begleiten. Eine große Umstellung, denn bisher brachten die Eltern ihre Kinder zur Garderobe, halfen ihnen beim Umziehen und besprachen einige Dinge mit den pädagogischen Fachkräften.

Für einige Kinder war während der Pandemie klar: Die Welt mit den Eltern endete vor der Kita-Haustüre, die Kita-Welt begann hinter der Kita-Haustüre. Was drinnen geschah, war für die meisten Eltern eher eine „Black Box", die sie nur noch von außen betrachten konnten. Alle sehnten sich nach der Normalität zurück. Umso überraschter waren einige Fachkräfte über positive Effekte, die sich durch das neue Setting ergaben. Gerade die vier- bis sechsjährigen Kinder wurden um einiges selbstständiger. Ohne langatmige Diskussionen zogen sie sich meist allein um und begaben sich in den Kita-Alltag. Kinder, deren Eltern sich nicht von ihren Kindern lösen konnten, hatten keine Möglichkeit mehr, stundenlang in der Kita zu bleiben.

Mehr Ruhe im Kita-Alltag

Außerdem herrschte mehr Ruhe in der Kita: Keine Eltern mehr, die morgens ins Frühstücksbistro gingen und dort die Essenssituation unterbrachen, keine Mütter und Väter mehr, die nachmittags ihre Kinder suchten und mitten in Fachkraft-Kind-Aktivitäten platzten. Denn auch nachmittags holten die Eltern ihre Kinder fertig umgezogen vor der Kita wieder ab. Durch die Erfahrungen in dieser Zeit sehen manche Teams das Ineinandergreifen der Lebenswelten zu Hause und Kita mit anderen Augen und praktizieren das System „Kiss and bye" weiter. Sie bemerken, dass die schnelle Übergabe der Kinder auch Vorteile mit sich bringt. Dies stellen auch einige Eltern fest. Gerade, wenn sie morgens oder nachmittags unter Zeitdruck stehen, fühlen sie sich organisatorisch entlastet.

Kiss and bye – auch bei uns?

- Wo sehen Sie als Team die Vor- und Nachteile des Vorgehens?
- Wie kann trotzdem eine gelingende Erziehungspartnerschaft gelebt werden?
- Können digitale Medien einen persönlichen täglichen Kontakt zwischen Eltern und pädagogischen Fachkräften ersetzen?

Die Verabschiedung am Ende eines Kita-Tages individuell begleiten

Auch das Verabschieden von der Kita am Mittag oder am Nachmittag ist ein Ritual, das den Übergang des Kindes von der Kita zu den Eltern, also in den privaten Teil des Tages, begleitet. Nach meiner Erfahrung gibt es in vielen Kitas konzeptionelle Überlegungen und Dokumentationen, die die Begrüßung, die Rituale für den Übergang des Kindes von zu Hause in die Kita beschreiben, und gleichzeitig wird der Abschied nach Hause beliebig gestaltet. Das ist schade, denn auch dieser Übergang stellt Kinder und Eltern vor einige Herausforderungen.

Am Ende eines Kindergartentages sind Kinder oft erschöpft, müde und manchmal quengelig. Eltern haben einen anstrengenden (Arbeits-)Tag hinter sich und wollen möglichst schnell nach Hause. Gerade in der Mittagszeit oder zu festen Abholzeiten herrschen in den Kitas große Unruhe und Stress. Einige Kinder werden abgeholt, andere wechseln die Räume zum Mittagessen, Fachkräfte gehen in die Pause oder wechseln die Gruppenräume. Eltern haben den Wunsch nach Informationen oder Tür-und-Angel-Gesprächen.

Woher weiß ich, dass meine Zeit in der Kita für heute zu Ende ist?

Vielleicht ist das Kind am Nachmittag von seinem Spiel absorbiert und es geschieht für das Kind gänzlich unerwartet, dass es abgeholt wird. Es denkt vielleicht: „Schrecklich, wieso soll ich denn jetzt aufhören zu spielen? Es war doch gerade so schön." Das Kind gibt diesen Gefühlen Ausdruck, weint vielleicht und Mutter oder Vater sind enttäuscht, dass sich das Kind nicht freut und reagieren dementsprechend. Tränen, Vorwürfe, Streit.

Hilfreich ist es, die Eltern morgens zu fragen, wann und von wem das Kind an diesem Tag abgeholt wird, und das Kind darüber zu informieren. Beobachtet die Fachkraft, dass das Kind ins Spiel vertieft ist, sollte sie es einige Minuten vor der Abholzeit auf den bevorstehenden Abschied vorbereiten.

Gibt es Rituale, die das Ende des Kita-Tages ankündigen?

Denkbar sind am Ende des Kita-Tages ein Abschlusskreis, Spiele, Sprüche, Lieder. Kinder, die später am Nachmittag abgeholt werden, versammeln sich vielleicht mit der pädagogischen Fachkraft in der Leseecke und schauen sich gemeinsam ein Buch an. Die Möglichkeiten sind individuell und vielfältig. Vor vielen Jahren war es üblich, dass sich vor dem Abholen am Mittag alle Kinder in einem Kreis versammelten und das Lied „Alle Leut, alle Leut gehen jetzt nach Haus" gesungen haben. Denn tatsächlich sind alle Kinder mittags nach Hause gegangen. Heute bleiben die meisten Kinder über Mittag in der Kita. Die früheren Rituallieder passen nicht mehr und es sind häufig keine neuen Lieder an deren Stelle gerückt. Das ist schade und könnte verändert werden.

Innerhalb des Tagesablaufes spielen Rituale eine große Rolle. Sie sorgen dafür, dass wichtige Situationen in Worten, Gesten oder Handlungen und nach einem wiederkehrenden Muster erfolgen: Die morgendliche Begrüßung, der Morgen- oder Mittagskreis, Pflegesituationen, bestimmte Spiel- oder

Angebotssituationen, das Schlafen, der Abschied vom Kita-Tag. Durch kontinuierliche Wiederholungen entwickelt sich eine Kita-Kultur, die Gemeinschaft und Zusammengehörigkeit für die Kinder spürbar machen: So machen wir das! Rituale sind Anker und haben Signalcharakter, die auch ohne Worte verstanden werden.

Muss ich aufräumen, bevor ich nach Hause gehe?

Sinnvoll ist es, mit allen Kindern, beispielsweise im Morgenkreis, eine verbindliche Regelung zu treffen, diese mit den Kindern zu illustrieren und im Gruppenraum aufzuhängen. Kinder sollten auch erfahren dürfen, dass es Ausnahmen von der Regel gibt, zum Beispiel wenn das Kind am nächsten Tag an einem Bauwerk weiterbauen oder -spielen möchte.

Von wem soll ich mich wie verabschieden?

Auch dieses Thema sollte mit den Kindern besprochen und vereinbart werden. Als Fachkraft verabschieden Sie sich namentlich und mit Blickkontakt von Kindern und ihren Eltern.

Praxisbeispiel

„Robin – aufräumen, deine Mama ist da!"

Stellen Sie sich folgende Situation am Ende des Kita-Tages vor: Es ist ein Sommernachmittag, die Sonne scheint und alle Kinder spielen auf dem Außengelände der Kita. Die pädagogischen Fachkräfte sitzen an der Sandkiste oder auf einer Bank im Schatten, von der sie die Kinder im Blick haben. Auch die Kinder wissen jederzeit, wo sie die Fachkräfte finden können. Robins Mutter kommt in die Kita und will ihren Sohn abholen. Erzieherin Sabine sitzt mit ihren Kolleg:innen auf der Bank. Sie sieht Robins Mutter, bleibt sitzen und ruft: „Robin … aufräumen, deine Mama ist da!", und unterhält sich weiter mit ihrer Kollegin über die Gestaltung des anstehenden Sommerfestes.

Szenenwechsel:
Robins Mutter kommt in die Kita und will ihren Sohn abholen. Erzieherin Sabine sitzt mit ihren Kolleg:innen auf der Bank. Sie sieht Robins Mutter, steht auf und geht ihr entgegen. „Hallo, Frau Maier. Sie wollen sicherlich Ihren Sohn abholen. Wir schauen mal gemeinsam, wo Robin gerade spielt. Ich glaube, er ist hinter dem Spielhaus. Heute war ein guter Tag. Robin hat nach dem Ankommen schnell ins Spiel gefunden und war heute ausgesprochen fröhlich. Ah, da ist er ja." Frau Maier und Sabine schauen Robin und seinen Freunden einen Moment beim Spielen zu und tauschen noch einige Informationen aus. Dann entdeckt Robin seine Mutter und rennt fröhlich auf sie zu.

Praxisbeispiel

„Wo bleibt denn deine Mutter schon wieder?"

Es ist kurz nach 16:30 Uhr – Schließzeit in der Kita Abenteuerland. Alle Kinder sind bereits abgeholt, nur der fünfjährige Umut ist noch in der Kita. Eigentlich schließt die Kita um 16:30 Uhr. „Wo bleibt denn deine Mama mal wieder? Immer das Gleiche mit ihr! Ich habe ihr schon hundertmal gesagt, dass sie pünktlich sein muss. Alle Kinder sind schon abgeholt, nur du bist noch da! Zieh doch schon Schuhe und Jacke an und setz dich auf das Garderobenbänkchen", schimpft Erzieherin Ingelore, ohne Umut anzuschauen. Umut mag noch keine Jacke anziehen. Er rennt in den Gruppenraum und fängt an, die Bausteine auszuräumen. „Umut, räum sofort die Bausteine wieder ein! Ich habe noch genug zu tun, eigentlich habe ich jetzt Feierabend. Und zieh gefälligst deine Jacke und deine Schuhe an. Deine Mutter kommt jeden Moment!" Die Haustüre geht auf und Umuts Mutter kommt herein. Umut fängt laut an zu weinen.

Problemfall Abholsituation?

- Was denken Sie über die beschriebene Situation?
- Denken Sie bitte an die Abholsituation in Ihrer Kita: Wie läuft das Abholen durch die Eltern normalerweise ab?
- In welchen Situationen gibt es Schwierigkeiten?
- Wie gehen Sie mit zu spät kommenden Eltern um?
- Macht es einen Unterschied, ob die Eltern am Ende des Kita-Tages zu spät kommen oder am Ende der gebuchten Zeit?
- An welches Kind oder an welche Familie denken Sie dabei?
- Wie hat sich das Kind verhalten?
- Wie haben Sie sich dabei gefühlt?
- Was denken Sie, wie hat sich das Kind gefühlt?
- Wie sprechen Sie Eltern darauf an?
- Wie hat Umut sich wohl in dieser Situation gefühlt?
- Warum war die Erzieherin so sauer?
- Wie hätten Sie gehandelt?
- Was ist Ihr Fazit und was Ihre konzeptionelle Überlegung?

Umgang mit dem Wunsch nach Körperkontakt

> Eine Berührung macht etwas
> mit zwei Menschen,
> verbindet sie.
> Und vielleicht bleibt diese Erinnerung.
> Pierre Dulaine (1944)

Körperkontakt hat eine Bedeutung für den Aufbau und die Pflege von Beziehungen: „Wenn man Kinder warmherzig berührt, sie auf den Schoß nimmt und fürsorglich reagiert, wenn sie unglücklich sind, dann gibt man ihnen die für ein gesundes Selbstbild erforderlichen Zutaten – man gibt ihnen das Gefühl, geschätzt, gehegt und beschützt zu werden" (Carlson 2006, S. 21).

Wenn Kinder bei der morgendlichen Trennung von den Eltern ängstlich sind, wenn sie sich mit anderen Kindern gestritten haben, wenn sie traurig sind oder verletzt wurden, hilft es vielen Kindern, wenn sie sich bei Ihnen ankuscheln und Sie Ihr Mitgefühl zeigen. Viele Kinder suchen von sich aus den Körperkontakt, manche Kinder sind zurückhaltender. Auch kulturell oder milieubedingt gibt es Unterschiede. Deshalb sollten Fachkräfte sich bei Berührungen von den Reaktionen der Kinder leiten lassen. Das eine Kind möchte auf den Arm genommen werden, während das andere sich lieber auf den Schoß der Fachkraft setzt oder sie über den Rücken des Kindes streicheln soll. Grundsätzlich muss man Kinder immer fragen, ob sie damit einverstanden sind, wenn man sie berührt oder auf den Schoß nimmt. Kinder werden uns wissen lassen, ob und welche taktilen Erfahrungen für sie angenehm sind, sowie wann, wo und wie sie berührt werden möchten … (Vgl. Carlson 2006, S. 30). Wenn Fachkräfte sich an den Reaktionen der Kinder orientieren, lernen Kinder, dass sie das Recht haben, über ihren Körper selbst zu bestimmen.

Angst vor Missbrauchsvorwürfen

In einer Zeit, in der sexueller Missbrauch häufig thematisiert wird, haben insbesondere Erzieher und so manche Erzieherin eine gewisse Angst, dass ihre körperlichen Berührungen bei einem Kind von anderen Erwachsenen missverstanden werden könnten. Deshalb halten sie sich in dieser Hinsicht zurück und verwehren gar Körperkontakt. Dieses Beziehungs- und Interaktionsverhalten kann dazu führen, dass sich Kinder weniger geliebt und geborgen fühlen.

Teamreflexion

Es ist sinnvoll, sich in einer Teamsitzung mit Körperkontakt zu befassen. Hilfreich sind hier folgende Fragen:

- Welche Arten von Berührungen erleben Kinder in ihrer Gruppe seitens der pädagogischen Fachkräfte und anderer Kinder?
- Welche Formen des Körperkontakts sollten häufiger, welche seltener und welche gar nicht auftreten?
- Fühlen sich die Kinder wohl, geborgen und sicher in ihren Gruppen?
- Benötigen sie mehr oder weniger Körperkontakt seitens der Fachkräfte?
- Berücksichtigen die Fachkräfte individuelle Vorlieben und Abneigungen sowie kulturelle und milieubedingte Unterschiede hinsichtlich Berührungen?
- Fühlen sich Teammitglieder unwohl, wenn sie (andersgeschlechtliche) Kinder berühren? Vermeiden sie Körperkontakt oder überlassen sie ihn weitgehend der zweiten Fachkraft in der Gruppe?
- Gab oder gibt es irgendwelche Probleme hinsichtlich des Körperkontakts?
- Wie fühlen sich die Teammitglieder, wenn sie von Kindern berührt werden? Gibt es Formen des Körperkontakts, die sie nicht mögen? Wie können sie dies Kindern mitteilen, ohne dass sich diese zurückgewiesen fühlen?

Die Zusammenarbeit mit *Familien*

Der Anfang ist die Hälfte des Ganzen

Für den ersten Eindruck gibt es keine zweite Chance – stimmt das? Beim ersten Kontakt bilden wir uns innerhalb von 10 bis 180 Sekunden eine Meinung von unserem Gegenüber. Aufgrund der Körperhaltung, des Geruchs, der Stimme, dem Verhalten und dem Aussehen entwickeln wir blitzschnell ein Grundgefühl: positiv oder negativ, Freund oder Feind. Wir sind bereits voreingenommen und bewerten alle weiteren Eindrücke auf dieser Basis entweder positiv oder negativ. Daraus entwickelt sich eine Gesamtpersönlichkeit. Leerstellen füllen wir einfach auf, egal ob unser Gegenüber diese Eigenschaften schon gezeigt hat: Wir vervollständigen das Bild so, wie es uns plausibel erscheint. Hierzu zählen auch Merkmale wie Intelligenz, Kompetenz, sozialer Status, Überlegenheit. Beim ersten Eindruck kann mal also viel gewinnen – und gleichzeitig auch viel verlieren.

Praxisbeispiel

„Ich hab's ja gewusst"

Erzieher Simon ist alles andere als erfreut. Gestern hat er von seiner Leitung erfahren, dass die dreijährige Fiona ausgerechnet in seine Gruppe wechselt. Schlimmer noch: Er soll das kleine Mädchen in den ersten Wochen eng begleiten. Dabei sind ihm Fionas Eltern so unsympathisch. Der Vater ist Professor an der Uni und auch Fionas Mutter glaubt, etwas Besonderes zu sein. So aufgetakelt, wie sie immer rumläuft. Fiona wurde bisher in der Krippengruppe betreut. Simon hat von Fionas Krippenerzieherin auch viel Negatives über die Eltern gehört. In alles hätten sie sich eingemischt, nur Forderungen gestellt und alles besser gewusst. Na, das kann ja heiter werden. Simon nimmt sich vor, den Eltern von Anfang an zu zeigen, wer hier das Sagen hat.

Schon innerlich auf Abwehr gestimmt, begegnet Simon Fiona und ihrer Familie am nächsten Morgen. Er bringt den Eltern gegenüber zwar ein kurzes „Hallo" über die Lippen, gleichzeitig beachtet er sie weiter nicht. Fiona selbst begrüßt er mit „Guten Morgen, Fiona. Ich heiße Simon und freue mich, dich zu sehen. Komm, wir bringen Mama und Papa zur Haustür, sie müssen jetzt sicher zur Arbeit fahren." Fiona kennt sich durch ihre Krippenzeit gut in der Kita aus und geht bereitwillig mit Simon spielen. „Ich hab's ja gewusst", berichtet Simon ein paar Tage später der Leiterin, „Fionas Eltern sind total arrogant und unfreundlich. Wahrscheinlich haben sie nur ihre Karriere im Kopf und interessieren sich nicht für ihr Kind."

Was ist hier passiert? Simon schaut durch eine unsichtbare, subjektive Brille auf Fionas Eltern. Seine Wahrnehmungen sind durch seine unbewussten Erwartungen und Vorahnungen geprägt und verzerrt. Statt die Eltern freundlich und individuell zu begrüßen und sie damit willkommen zu heißen, speist er sie mit einem kurzen „Hallo" ab und signalisiert den Eltern damit Ablehnung. Später erzählt Simon seiner Kollegin, dass er sich bei den Eltern nicht „einschleimen" wollte. Sie sollten direkt merken, dass sie mit ihm nicht so umspringen können wie mit dem Krippenteam. Er vermischt in diesem Kontext professionelles Handeln Fiona gegenüber mit seinen eigenen Vorurteilen und Unsicherheiten den Eltern gegenüber, obwohl er sie persönlich noch gar nicht kennt.

Für Fionas Eltern hingegen war der Wechsel ihres Kindes in die Kita, und damit in eine neue Gruppe, ein Schritt in etwas Unbekanntes. Sie fühlten sich als Eltern in der Krippengruppe sehr wohl und machten sich Gedanken, ob das wohl in der Kita-Gruppe auch so wird. Der erste Eindruck von Simon ist für sie nicht erfreulich, ja sogar schlecht und hat ihnen im wahrsten Sinne die Sprache verschlagen. Wie sollte sich ihre Tochter da wohl fühlen? Wenigstens ist Simon zu ihrer Tochter freundlich.

Schubladendenken schadet den Kindern

Die nächsten Tage verlaufen ähnlich. Simon lässt sich auf keine Gespräche mit den Eltern ein, gleichzeitig ist er Fiona gegenüber stets freundlich und wertschätzend. Fionas Verhalten ändert sich jedoch. Aus dem fröhlichen und neugierigen Mädchen wird ein scheinbar unsicheres Kind, das sich beim Ankommen in der Kita hinter den Beinen der Eltern versteckt und immer stiller wird. Simon will wissen, was mit Fiona los ist. Im Team reflektiert Simon die Situation. Er erkennt, dass er durch seine Vorurteile Fionas Eltern in eine „Schublade" gesteckt und damit ihr Verhalten stets negativ bewertet hat. Er nimmt sich vor, seine Vorurteile beiseitezuschieben und sich auf Fionas Eltern neu einzulassen. Er will in Zukunft auf ihre Worte achten und nicht auf den Tonfall – und auf ihre Handlungen und nicht auf ihr Erscheinungsbild. In dem folgenden Elterngespräch reflektieren Simon und Fionas Eltern ihre Ziele in der Zusammenarbeit. Mittlerweile hat sich ihre Beziehung zueinander verbessert und Fiona wirkt wieder fröhlicher.

Einen Handlungsplan entwickeln

Das zentrale Ziel der Zusammenarbeit mit den Eltern ist es, eine Erziehungspartnerschaft einzugehen und die Kinder bestmöglich zu begleiten und zu fördern. Durch ein feinfühliges und vertrauensvolles Miteinander und einen regen Austausch über das Verhalten und die Entwicklung des jeweiligen Kindes wird die Zusammenarbeit gestärkt. Eltern vertrauen den Mitarbeitenden der Kita das Wertvollste an, das sie haben: ihre Kinder. Damit Mütter und Väter dies ohne Misstrauen tun können, brauchen sie das sichere Gefühl: „Die pädagogischen Fachkräfte verstehen etwas von ihrem Hand-

Was versteht man unter einem Handlungsplan?

In einem Handlungsplan werden Ereignisabläufe festgelegt, die die Übernahme bestimmter Rollen beinhalten, im Gedächtnis gespeichert werden und die Ereignisabfolge in einer bestimmten Situation bestimmen.

werk, können sich in unsere Lage hineinversetzen und sehen unser Kind."

Eltern sind Expert:innen für ihr Kind. Sie sind immer Ersterziehende und Fachleute für ihre Familie. Sie allein wissen, welche Lebensweise die Familie bevorzugt, was die Familienmitglieder voneinander erwarten, welche Rituale und Traditionen für sie wichtig sind. Pädagogische Fachkräfte sind auf das Expertentum der Eltern angewiesen. Treffen Eltern und Fachkräfte aufeinander, so begegnen sich Expert:innen mit unterschiedlichen Kompetenzen.

Sicherheit durch Handlungspläne

Für die Eltern sind die morgendlichen Szenen beim Ankommen und Abschiednehmen häufig schwer auszuhalten. Das Verhalten ihres Kindes löst die Angst aus, dass es dem Kind in der Kita nicht gut geht. Das Kind spürt die Ambivalenz der Eltern und reagiert wiederum mit Unsicherheit. Vertrauen die Eltern meinen Erzieher:innen? Fangen Sie die Eltern unbedingt durch aufklärende und beruhigende Gespräche auf. Meistens dauert es nur wenige Minuten, bis das Kind sich nach einem tränenreichen Abschied am Morgen wieder beruhigt hat und ins Spiel findet. Diese Beobachtungen gilt es, mit den Eltern zu teilen, entweder durch verbale Rückmeldungen, Dokumentationen, Videos oder Fotos. Hilfreich ist hier das gemeinsame Erstellen eines Handlungsplanes, der schriftlich festgehalten wird und an dem sich alle Beteiligten orientieren können.

Methode

Ein Handlungsplan als Unterstützung für die Situation „Begrüßung und Ankommen in der Kita" für Leon, 3;2 Jahre alt

Ziel: Der Abschiedsprozess dauert 10 bis 15 Minuten und ist ritualisiert. Das Ritual wird täglich wiederholt.

Ablauf:

- Mutter oder Vater kommen mit Leon in die Kita und gehen gemeinsam zu seinem Garderobenplatz. Sie unterstützen Leon beim Umziehen, so wie er es an diesem Tag braucht. Leon soll möglichst viel selbstständig machen.
- Die Eltern begleiten Leon beim Händewaschen und gehen gemeinsam mit ihm zum Gruppenraum.
- Sie und Leon werden von einer der Gruppenerzieher:innen freundlich begrüßt.
- Eltern und Fachkraft können kurze Informationen austauschen, benennen die Abholzeit für den Tag und wer Leon abholen wird.
- Die Eltern begeben sich auf die Augenhöhe ihres Kindes und geben Leon einen Kuss. Sie wünschen Leon einen schönen Tag und übergeben ihn der Fachkraft.
- Die Übergabe wird immer in gleicher Weise ausgeführt, auch wenn Leon weint und klammert.
- Leon geht mit der Fachkraft zum Fenster und winkt seinen Eltern ein letztes Mal zu.
- Die Eltern können bei Bedarf in der Kita anrufen und fragen, ob und wann Leon sich beruhigt hat.

Kulturelle Unterschiede bei der Begrüßung

Händeschütteln oder doch lieber sich verbeugen? So unterschiedlich Familien sind, so unterschiedlich sind auch ihre Kulturen. Damit ist nicht nur Herkunft im Sinne von Ethnie, Nationalität, Milieu oder Religion gemeint, sondern die gelebte Familienkultur. Das betrifft auch Ressourcen der Familie, Bildungsnähe, Familienzusammensetzung, Traditionen, Normen und Lebensumfeld. All dies erscheint der jeweiligen Familie als normal und richtig. In unserer multikulturellen Gesellschaft, die sich in der Kita widerspiegelt, werden Fachkräfte, Kinder und Eltern mit unterschiedlichen Wert- und Normvorstellungen konfrontiert.

Unterschiedliche Vorstellungen treffen aufeinander

Für die meisten der pädagogischen Fachkräfte ist es mittlerweile normal, dass die neuen Kinder eine Eingewöhnungsphase durchlaufen. Eltern begleiten ihr Kind während der Eingewöhnung im Kita-Alltag und unterstützen damit ihr Kind, sich mit der neuen Umgebung und den neuen Menschen vertraut zu machen.

Pädagogische Fachkräfte sind mitunter irritiert, wenn Eltern – oft mit Migrationshintergrund – die Kita sofort wieder verlassen wollen, sobald sie ihr Kind in ihre Obhut gebracht haben. Eine weitere Begleitung ihres Kindes lehnen die Eltern häufig ab. Sind sie nicht am Wohlergehen ihres Kindes interessiert? Verhalten sie sich verantwortungslos? Wie soll man als pädagogische Fachkraft reagieren? Nach meiner Erfahrung sind diese Eltern sehr wohl an ihren Kindern interessiert und lieben sie. Sie bringen lediglich eine andere Vorstellung von Kita und Erziehung mit. In vielen Kulturen wird eine Kita als eine Art Schule gesehen, in der schulisches Lernen betrieben wird, während die Familie für die Pflege von Beziehungen zuständig ist. Eine Vermischung dieser Bereiche kommt nicht vor. Die Eltern sind der Überzeugung, dass Fachkräfte mehr pädagogische Professionalität als sie selbst haben. Oder sie wollen sich nicht in die pädagogische Arbeit der „Lehrerinnen und Lehrer" einmischen, weil sie es anmaßend finden.

Viele Wege führen nach Rom

Pädagogische Fachkräfte gehen zu oft davon aus, dass das pädagogische Konzept der Einrichtung von allen Eltern verstanden und geteilt wird. Über Erziehungsziele ist man sich schnell einig, aber der Weg dorthin wird nur selten kommuniziert. So können alle Parteien das gleiche Ziel haben, aber der Weg dahin sieht ganz anders aus. Einig ist man sich darüber, dass das Kind sich in der Kita wohlfühlt, gute Bildungsmöglichkeiten hat und als Erwachsener erfolgreich im Leben zurechtkommt. Während Pädagog:innen Bildung als einen sozialen Prozess verstehen, an dem sich Kinder und Erwachsene kokonstruktiv beteiligen, und wissen, dass jedes Kind verschieden ist und doch alle gleichberechtigt sind, kann in der Familie Bildung bedeuten, dass der Erwachsene dem Kind etwas beibringt und das Kind sich dem anpasst.

Missverständnissen vorbeugen

Fachkräfte sollten vertrauensvoll und feinfühlig mit Eltern im Kontakt sein, über Erziehungsverhalten ins Gespräch gehen. Wenn es ihnen gelingt, eine hohe Perspektivensensibilität zu entwickeln, wird es einfacher, mit zunächst eher ablehnenden Eltern lösungsorientiert zu interagieren.

Praxisbeispiel

„Mein armer Sohn muss alles allein machen!"

Frau Mohabib beobachtet zum Beispiel beim Ankommen ihres Sohnes Umar in der Kita, dass die Fachkräfte Umar ermutigen und begleiten, sich möglichst allein Jacke und Schuhe auszuziehen. Zu Hause zieht sie ihren Sohn komplett an und aus. Sie packt ihn in die Kleidung ein, damit er es warm und gemütlich hat. Sie will ihre Liebe zu Umar auf diese Weise ausdrücken. Während die Fachkraft vielleicht denkt: „Diese Mutter ist total überbehütend und engt ihren Sohn in der Selbstständigkeitsentwicklung ein!", denkt Frau Mohabib: „Die Frauen in der Kita sind faul und kümmern sich nicht richtig um meinen Sohn. Er muss ja alles allein machen."

Verschiedene Perspektiven lösen verschiedene Reaktionen aus und es entstehen Missverständnisse. Die Begrüßung der Kinder und ihrer Eltern am Morgen sollte interkulturell gestaltet werden, damit allen Kindern das Gefühl vermittelt wird „Du bist angenommen – so wie du bist! Du hast ein Recht auf unseren Respekt vor deiner Kultur!" Alle uns anvertrauten Kinder müssen auf ein Leben in einer multikulturellen, multiethnischen Gesellschaft vorbereitet werden. Eine Begrüßung und Verabschiedung in der Landessprache ist wertschätzend und öffnet die Herzen. Es lohnt sich, wenn Fachkräfte die Aussprache der jeweiligen Begrüßung und Verabschiedung im Internet recherchieren und lernen. Spaß macht es zusätzlich.

Andere Länder, andere Sitten

Ein weiteres Beispiel sind Begrüßungsrituale, die je nach Land oder Kultur unterschiedlich sind. Oft sind sie religiös oder spirituell geprägt und spiegeln festgelegte Hierarchien zwischen Personen wider. Im schlimmsten Fall verletzen falsch ausgeführte Begrüßungsgesten die Etikette. In Europa, Süd- und Nordamerika sind das Händeschütteln, der Händedruck und ein kurzer Blickkontakt die Norm. In einigen mitteleuropäischen Ländern gilt auch der angedeutete Wangenkuss zwischen Familienmitgliedern und Freunden als höflich. In Portugal begrüßt man aber auch Fremde damit. Die Anzahl der Küsse ist dabei unterschiedlich. In Österreich ein Kuss auf jede Wange, in der Schweiz und Frankreich sind es schon drei Küsse insgesamt. In Russland ist unter Männern der Handschlag ein übliches Begrüßungsritual, Frauen werden nur verbal und/oder mit einem Kopfnicken begrüßt. In Indien ist das meistgesehene Begrüßungsritual das Namasté. Dabei faltet man die Hände vor der Brust und verbeugt sich leicht. In Japan und China begrüßt man sich mit einer leichten Verbeugung, die man einige Sekunden lang hält. Berührungen gelten als unhöflich. In afrikanischen und arabischen Ländern ist der Handschlag mit einem kurzen Blickkontakt üblich, auch hier werden Frauen mit einem leichten Nicken begrüßt.

Bienvenue, Konnichiwa & Dzien dobry!

Es lohnt sich also durchaus, wenn Fachkräfte sich über die Gepflogenheiten in den unterschiedlichen Ländern informieren. In der Praxis erlebe ich zwar, dass sich Eltern an deutschen Gepflogenheiten orientieren, und doch reagieren sie meistens sehr freudig und fühlen sich akzeptiert, wertgeschätzt und gesehen, wenn man ihre landestypischen Begrüßungsrituale nutzt. Dies fördert Verstehen und Vertrauen zwischen Eltern, Fachkräften und Kindern, die erleben, dass die Rituale ihrer Familie wertgeschätzt werden. Und weibliche Fachkräfte sind sich bewusst, dass es nicht unhöflich oder ablehnend gemeint ist, wenn zum Beispiel ein afrikanischer Mann ihnen nur zunickt und nicht die Hand reicht. Begrüßungsformeln in verschieden Sprachen auf der Haustüre oder im Eingangsbereich verstärken das Zusammengehörigkeitsgefühl noch.

Begrüßungsworte

Deutsch: Herzlich willkommen

Arabisch/Türkisch: Merhaba/Salaam/Marhaban

Chinesisch: Huan Ying

Englisch: Welcome

Farsi: Harrsch mikonnen

Französisch: Bienvenue

Hebräisch: Shalom

Iranisch: Salam ale kom

Italienisch: Benvenuto

Japanisch: Konnichiwa

Polnisch: Dzien dobry

Rumänisch: Bun Zi

Russisch: Sprivetom

Spanisch: Bienvenidos

Ukrainisch: Dobrogo ranku

Vietnamesisch: Chao

Abschiedsworte

Deutsch: Auf wiedersehen

Arabisch: Wada'an

Chinesisch: Zái jian le

Englisch: Good bye

Farsi: Khoda

Französisch: Au revoir

Hebräisch: Lehitraut

Iranisch: Jalla, bye

Italienisch: Ciao

Japanisch: Sayonara

Polnisch: Do widzenia

Rumänisch: La revedere

Russisch: Do svidaniya

Spanisch: Hasta luego

Ukrainisch: Pobachymos

Vietnamesisch: Tam biet

Türkisch: Görüşürüz

Die Bedeutung von Tür-und-Angel-Gesprächen

Tür-und-Angel-Gespräche mit Eltern spielen in der Kita-Praxis eine wichtige Rolle, nicht nur in den ersten Wochen des Kindes in der Kita, aber dann besonders. Sie haben zum einen eine vertrauensbildende Wirkung: In alltäglichen, oft unwichtig erscheinenden Interaktionen und kurzen Gesprächen entwickelt sich im Verlauf der Zeit eine tragfähige Beziehung zwischen Ihnen und den Eltern.

Kleine Episoden aus dem Alltag

Bei guter Beobachtung erfahren Sie etwas über die Interaktionsmuster zwischen den Eltern und dem Kind und können sich nach und nach daran beteiligen: Der Beginn einer aktiven ko-konstruktiven Beziehungsgestaltung! Die meisten Eltern haben ein großes Bedürfnis nach Informationen über ihr Kind. Beispielsweise sind sie am Verhalten ihres Kindes in der Gruppe, seinen Erfahrungen und Entwicklungsfortschritten interessiert und/oder sie haben noch Fragen. Kleine Episoden aus dem Kita-Alltag des Kindes lassen Eltern am Geschehen teilhaben und stärken das Vertrauensverhältnis zwischen Eltern und Fachkraft. Und auch Sie erfahren noch etwas über die Familie und den Verlauf des Tages vor Kita-Beginn, um Reaktionen des jeweiligen Kindes verstehen zu können. Im folgenden Praxisbeispiel von Justus wird dies besonders deutlich.

Praxisbeispiel

„Ich will keine Mütze!"

Justus geht eigentlich gerne in die Kita und auch der Abschied von den Eltern am Morgen klappt gut. Aber heute ist alles anders. Justus und seine Mama hatten schon vor dem Kita-Besuch Streit. Justus soll seine geliebte kurze Hose und sein T-Shirt gegen eine lange Hose tauschen und seinen Anorak und eine Mütze anziehen. Draußen ist es empfindlich kalt geworden und Justus' Mutter möchte nicht, dass Justus schon wieder krank wird. „Hör auf mit dem Theater. Du ziehst die Jacke und die Mütze an. Basta! Ich hatte schon genug Ärger mit meinem Chef, als du letzten Winter so oft krank warst." Unter lautem Protest fügt sich Justus.

Justus ist verunsichert. Er hat das Bedürfnis nach Beständigkeit, nach Gewohntem und Vertrautem. Und Justus hat das Bedürfnis nach Zeit, um sich auf die neue Situation einzustellen. Aus dieser Verunsicherung heraus entsteht sein lautstarker Protest, der sich auch auf den Übergang vom vertrauten Zuhause in die Kita überträgt. Was braucht Justus von seiner Mutter und von der pädagogischen Fachkraft, um wieder innerliche Stabilität zu erlangen?

Gefühle müssen erlebt werden

Eine Reaktion wie zum Beispiel „Das Leben ist kein Wunschkonzert, jetzt stell dich nicht so an!" ist auf jeden Fall wenig zielführend, wenn man möchte, dass Justus eine große psychische Tiefe ausbildet. Macht Justus häufiger die Erfahrung, dass seine Bedürfnisse unbeantwortet und anscheinend falsch sind, vertraut er seinen Gefühlen nicht mehr und entwickelt sich zu einem emotional unsicheren Menschen. Je mehr Bedürfnisse ein Lebewesen empfinden kann, desto mehr psychische Komplexität kann (und muss) es innerlich erleben und verarbeiten. Erst eine große Vielfalt an Bedürfnissen befähigt uns Menschen zu einer großen emotionalen Tiefe und zu einem beachtlichen Spektrum an sonstigen personalen, sozialen, motorischen, emotionalen und kognitiven Kompetenzen. (Vgl. Schmitz 2022, S. 42 f.)

Wünsche und Bedürfnisse

Im allgemeinen Sprachgebrauch werden die beiden Begriffe „Wunsch" und „Bedürfnis" oft gleichgesetzt oder sogar miteinander verwechselt. Es ist Aufgabe der pädagogischen Fachkräfte, Bedürfnisse von Wünschen zu unterscheiden, um angemessen reagieren zu können.

Diese Wünsche stecken hinter Justus' Verhalten:
Justus möchte weiterhin seine kurze Hose und sein T-Shirt tragen. Er will keine Jacke und keine Mütze tragen. Er will als eines der ersten Kinder auf dem Außengelände sein. Er will nicht die Erzieherin zuerst um Hilfe fragen.

Diese Bedürfnisse stecken hinter Justus' Verhalten:
Justus hat das Bedürfnis nach Gewohntem und Vertrautem: T-Shirt und kurze Hose sind aus weichem Stoff, der nicht kratzt und bei Bewegung stört. Er hat das Bedürfnis nach Selbstständigkeit und will sich ohne Hilfe anziehen.
Justus hat gelernt, dass Kinder, die zuerst auf dem Außengelände sind, eines der beliebten Fahrzeuge ergattert. Er hat das Bedürfnis der Vorhersehbarkeit.
Justus hat das Bedürfnis nach Zeit, um sich in seinem Tempo auf die Veränderung einzustellen und er hat das Bedürfnis nach Führung durch berechenbares, konsequentes und freundliches Erwachsenenverhalten, in diesem Fall der Mutter.

Veränderungen sind eine Herausforderung

Wir Erwachsenen sind im Leben fest eingerichtet. Wir freuen uns, in den nächsten Urlaub zu fahren, neue Länder, Menschen und Sitten kennenzulernen. Wir tauschen gerne den neuen Pullover gegen das Sommershirt. Zu tauschen erscheint uns normal und selbstverständlich. Kinder fühlen sich häufig überrumpelt und wehren sich dagegen. Sie brauchen Veränderungen nicht zu mögen, aber sie müssen sich gesehen fühlen, damit sie Mut für die Bewältigung der Veränderungen haben.

In unserem Praxisbeispiel würde es Justus helfen, wenn die Mutter sein Verhalten nicht bewertet, sondern ihn mit den Worten: „Justus, ich sehe, dass du die lange Hose und den Anorak nicht anziehen magst. Du bist wütend, ich sehe dein rotes Gesicht und dass du geweint hast" begleitet. Die Mutter sollte nicht anklagend reagieren, sondern sachlich – ohne zu dramatisieren, ohne zu diskutieren und ohne zu verharmlosen – beschreiben, was sie beobachtet und Justus so Worte für seine Gefühle geben. Vielleicht hat Justus das Bedürfnis nach Körperkontakt, dem die Mutter nachkommt. Die Mutter respektiert so die Reaktion des Kindes, zeigt Achtung vor dessen Gefühlen, gibt ihm Zeit und stellt – wenn nötig – eine Brücke für später in Aussicht: „Lass uns später noch einmal darüber reden." In unserem Beispiel könnte die Mutter zu Justus sagen: „Draußen ist es kalt geworden. Ich kann deinen Wunsch nicht erfüllen. Du musst eine lange Hose und die Jacke anziehen. Du kannst dir aussuchen, welche Hose du anziehen magst und ob du die blaue oder grüne Jacke anziehen willst."

Umgang mit Smartphone und Telefon

„Machen Sie Ihr Handy eifersüchtig" steht über einem Plakat, das im Eingangsbereich einer Kita hängt. Darauf zu sehen sind Eltern, die mit ausgebreiteten Armen und einem Lachen im Gesicht ihre Kinder begrüßen.

Eltern und Fachkräfte stehen vor dem Plakat und tauschen sich über das Plakat aus. Alle sind sich einig, dass gerade in der Bring- und Abholzeit das Smartphone in der Tasche bleiben sollte. Dass Kinder das Recht auf ungeteilte Aufmerksamkeit ihrer Eltern haben. Schließlich waren sie einige Stunden voneinander getrennt und die Kinder wollen Eltern erzählen, was sie Aufregendes erlebt haben oder einfach das Wiedersehen genießen. Wenn Eltern am Morgen oder nachmittags mit Handy am Ohr in die Einrichtung kommen oder pädagogische Fachkräfte während der Spielzeit im Garten auf dem Smartphone tippen, sollte auf alle Fälle darüber gesprochen werden. Meist ist den Eltern nicht bewusst, dass die Kinder unter der mangelnden Aufmerksamkeit leiden. Besser als ein grundsätzliches Verbot ist es, mit den Eltern und Kindern über das Thema ins Gespräch zu kommen.

Bitte KEINE FOTOS Machen!
heul schrei
auch nicht heimlich!!!
@judith metz

SPRICH mit mir!
moderne Medien sind attraktiv - persönliche Gespräche sind attraktiver!
Mama!!!
Moment! Gleich!!
Mama!
@judith metz

Raumgestaltung

Herzlich willkommen!

Nicht das Kind sollte sich der Umgebung anpassen,
sondern wir sollten die Umgebung den Kindern anpassen.
(Maria Montessori)

Rahmenbedingungen sind wie Leitplanken. Sie dienen der Orientierung und dem Schutz und sollen belastbar sein. Im Mittelpunkt der Arbeit in Kindertageseinrichtungen stehen das Kind und die pädagogische Interaktion zwischen Kind und pädagogischen Fachkräften. Die Gestaltung der Räume hat eine entscheidende Bedeutung für die Interaktionsqualität. Durch Elemente in den Räumen innerhalb und außerhalb der Kita werden wichtige Impulse gegeben, die es den Kindern ermöglichen, die Welt zu entdecken und wichtige Erfahrungen zur Entwicklung eigener Handlungskompetenzen zu machen. Die Räume sollten hell und freundlich gestaltet sein und auf alle Ankommenden einladend wirken. Glasscheiben an Fenstern und Türen sollten nicht mit Dekorationen zugeklebt sein, sondern zum Raus- und Reinschauen einladen.

Eingangsbereich und Flur sind Orte der Kommunikation und Interaktion

Eingangsbereich, Flure und Foyers haben unterschiedliche Funktionen, sie dienen dem Informationsaustausch zwischen Eltern und Fachkräften und sind gleichzeitig Räume der Interaktion. Dieser Bereich sollte sorgfältig gestaltet sein und eine einladende, integrierende, orientierende Funktion haben. Je freundlicher dieser Bereich ist, desto geringer ist die Hemmschwelle, das Haus zu betreten und den Übergang von zu Hause in die Kita zu bewältigen. Dass der Eingang eines Gebäudes auch gleichzeitig seine „Visitenkarte" ist, hat für eine Kindertageseinrichtung eine besondere Bedeutung. Denn der Eingangsbereich ist nicht nur Windfang und Schmutzschleuse, sondern er sollte auch Eltern willkommen heißen und begrüßen. Wie schön, wenn dies in der Muttersprache der Familien geschieht.

Der Eingangsbereich

Der Eingangsbereich sollte Orientierung geben, möglichst auch in Bildersprache, damit Kinder und Menschen, die nicht der deutschen Sprache oder des Lesens mächtig sind, sich ebenfalls orientieren können. Eine Informationswand, die klar strukturiert ist, gibt Auskunft über Termine, Veranstaltungen und Ähnliches. Schön ist es, wenn Kinder und Eltern sich an einer Info-Tafel informieren können, welche Kinder und Fachkräfte an diesem Tag in der Kita sind, und sich selbst anmelden können. Bitte hier auf die Wahrung des Datenschutzes achten und sich vorher genehmigen lassen, dass die Fotos und Namen der Kinder und Fachkräfte öffentlich gemacht werden dürfen.

Einige Kitas haben einen zentralen Empfang, eine Art Rezeption, an denen sie ihre

Kinder an- und abmelden können sowie Infos zum Tagesablauf (z. B. wer das Kind abholt oder wie lange das Kind heute in der Kita bleiben soll) mitteilen können.

Im Flur

Der Flur der Kindertageseinrichtung ist nicht nur ein Verbindungsweg zwischen den einzelnen Räumen, sondern auch Anlaufstelle für Eltern in Bring- und Abholsituationen. In offenen Häusern ist er den ganzen Tag über Treffpunkt für viele Menschen, was häufig auch eine höhere Geräuschkulisse mit sich bringt. Um Kindern und Eltern ein angenehmes Ankommen in der Einrichtung zu ermöglichen, sollte es in den Fluren mehrere Sitzinseln, Bänke oder Sofas geben. Hier können Eltern in Ruhe ihre Kinder beim Umziehen begleiten oder noch ein letztes Mal kuscheln, bevor sie sich verabschieden.

Die Garderobe

Ein Teil des Flures ist den Garderoben vorbehalten. Eine gut eingerichtete Garderobe hilft dem Kind, sich zu orientieren und Ordnungsstrukturen zu erkennen. So bietet er den Kindern die Möglichkeit, beim Umziehen selbst aktiv zu sein. Aus der Perspektive des Kindes bedeutet dies: „Ich bin nicht nur ein passives Objekt, das in der Kita von Mama und Papa hier abgegeben wird, sondern ich bin beteiligt. Ich gestalte meinen Übergang aktiv mit." Damit Kinder ihre Jacke selbst aufhängen können, darf der Garderobenhaken nicht höher als ca. 60 cm sein. Auch Bänke, die unter den Garderobenhaken für die Schuhe stehen, sind für die Kinder eher hinderlich. Besser ist ein externer Schuhschrank. Jedes Kind sollte außerdem ein Fach oder Körbchen für Mütze, Schal, Handschuhe haben. Zusätzlich benötigt jedes Kind eine Schublade oder Kiste für persönliche Gegenstände wie Schnuller, Kuscheltier oder -tuch, gemalte Bilder usw. Beim An- und Ausziehen ist das begleitende Sprechen eine Hilfe für das Kind und den Erwachsenen, um die Aufmerksamkeit bei der gemeinsamen Tätigkeit zu halten.

Räume, in denen Kinder den Kita-Tag starten und beenden

Meist sind nur ein oder zwei Räume für die Kinder im Frühdienst bzw. im Spätdienst ge-

öffnet. Gerade diese Zeiten sind sehr sensibel, sorgsam, feinfühlig und empathisch zu begleiten. Kinder, die frühmorgens in der Kita eintreffen, sollten selbst wählen können, womit sie sich beschäftigen wollen. Dies sollte auch am Spätnachmittag und abends gewährleistet sein. „Während der Abholzeit können sie sich ebenfalls bis zum Ende der Betreuungszeit nach eigenen Vorstellungen beschäftigen und spielen. Es gibt keine Zeiten, in denen die Kinder nur warten oder sich nicht betätigen können" (Tietze & Viernickel 2002, S. 245).

In Einrichtungen mit offenen Konzepten und Funktionsräumen hat es sich besonders bewährt, dass es einen Raum gibt, der vielfältige Angebote bereithält, wie zum Beispiel eine kleine Puppenküche und eine Bauecke, ein Mal- und Basteltisch, Tischspiele und Puzzles, ein kleines Sortiment an Bilderbüchern und digitale Angebote. In ihm startet und beginnt der Kita-Tag, bis alle Gruppenräume öffnen, und er endet hier für die Kinder, die länger in der Kita bleiben. Außerdem eignet sich dieser multifunktionale Raum sehr gut zur Eingewöhnung neuer Kinder. (Vgl. Franz 2020, S. 16)

Parkplätze für Autos, Kinderwagen, Fahrräder und Co.

Um stressfrei in der Kita anzukommen, braucht es Parkflächen und -plätze für Autos, Fahrräder und Lastenräder, die den Familien zur Verfügung stehen. Weiterhin ist darauf zu achten, dass es wettergeschützte und abschließbare Abstellmöglichkeiten für Kinderwagen, Buggy und Fahrzeuge der Kinder, wie Dreirad oder Laufrad gibt. Der Zugang zur Kita sollte barrierefrei und gut beleuchtet sein.

Das Winkefenster

Damit Kinder aktiv am Prozess des Abschiednehmens beteiligt sind, gibt es in vielen Kitas ein „Winkefenster", durch das sich Eltern und Kind nochmal zuwinken können. Die Kinder sehen, wie Mama oder Papa langsam aus ihrem Blickfeld verschwinden. Wenn es kein bodentiefes Fenster zur Straße hin gibt, kann man gemeinsam mit den Kindern auf die Suche nach einem geeigneten Fenster gehen. Ist das Fenster zu hoch, kann ein Bänkchen, Podest oder Tisch Abhilfe schaffen. Ob die Kinder auf den Arm genommen werden, auf einem Hocker stehen und aus einem „normalen" Fenster nachwinken oder ob die Fachkraft das Kind mit zur Haustüre begleitet und dort ihren Eltern nachwinkt, spielt nur eine nebensächliche Rolle. Wichtig ist, dass das Kind von der Fachkraft beim individuellen Ritual des Abschiednehmens begleitet wird und dass das Kind aktiv teilnimmt und so das Gefühl der Kontrolle über die Situation hat.

Literaturverzeichnis

Betz, Christine (2020): „‚Schön, dass du da bist!' Die wichtige Rolle der Flurfrau". In: *Praxis KITA 62*. S. 10-13.

Carlson, Francis M. (2006): *Essential Touch. Meeting the Needs of Young Children*. Washington: National Association for the Education of Young Children.

Durand, Judith & Birnbacher, Leonhard (2021): „Demokratiebildung in der Kita". In: Deutsches Jugendinstitut (Hrsg.): *DJI-Impulse 1/21. Politische Bildung von Anfang an. Wie Kinder und Jugendliche Demokratie lernen und erfahren können*. S. 14-18. [https://www.dji.de/veroeffentlichungen/literatursuche/detailansicht/literatur/30287-dji-impulse-121-politische-bildung-von-anfang-an.html, letzter Zugriff am 22.01.2024]

Franz, Margit (2020): *Begrüßung & Abschied in der Kita*. München: Don Bosco.

Griebel, Wilfried & Niesel, Renate ([6]2020): *Übergänge verstehen und begleiten. Transitionen in der Bildungslaufbahn von Kindern*. Berlin: Cornelsen.

Gutknecht, Dorothee (2012): *Bildung in der Kinderkrippe. Wege zur Professionellen Responsivität*. Stuttgart: Kohlhammer.

Hansen, Rüdiger & Knauer, Raingard & Sturzenhecker, Benedikt (2011): *Partizipation in Kindertageseinrichtungen. So gelingt Demokratiebildung mit Kindern*. Weimar: verlag das netz.

Hessisches Sozial- und Kultusministerium (Hrsg.) ([9]2019): *Bildung von Anfang an. Bildungs- und Erziehungsplan für Kinder von 0 bis 10 Jahren in Hessen*.

Hüther, Gerald (2023): „Durch Lieblosigkeit geht Lernfreude verloren". In: *Kleinstkinder in Kita und Tagespflege 6/23*. S. 10-11.

Kokemoor, Klaus ([5]2022): *Das Kind, das aus dem Rahmen fällt. Wie Inklusion von Kindern mit besonderen Verhaltensweisen gelingt*. Munderfing: Fischer & Gann.

Niedersächsisches Institut für frühkindliche Bildung und Entwicklung (2021): *Demokratiebildung in der Kita*.

Schmitz, Sybille (2018): *Kindliches Verhalten verstehen – Bedürfnisse erkennen. 45 Fotokarten für Teamarbeit und Elterngespräch*. München: Don Bosco.

Schmitz, Sybille (2022): *Ich sehe dich und verstehe, was du brauchst. 5 pädagogische Grundorientierungen zur Entwicklungsbegleitung*. München: Don Bosco.

Schnurr, Heike ([2]2023): *Aufsichtspflicht in der Kita – Fragen und Antworten*. Braunschweig: Westermann.

Strehmel, Petra & Ulber, Daniela (2017): „Kernaufgaben der Kita-Leitung im System der Kindertagesbetreuung". In: *Kitas leiten und entwickeln. Ein Lehrbuch zum Kita-Management*. Stuttgart: Kohlhammer. S. 15-40.

Sußbauer, Gabriela (2023): *Schritt für Schritt zur Kinderrechte-Kita. 50 Methodenkarten für pädagogische Teams*. München: Don Bosco.

Tietze, Wolfgang & Viernickel, Susanne (Hrsg.) (2016): *Pädagogische Qualität in Tageseinrichtungen für Kinder. Ein nationaler Kriterienkatalog*. Weimar: verlag das netz.

Virnkaes, Gaby (2013): „Was ist eine Schlüsselsituation – und was ein Projekt? Zehn oft gestellte Fragen zum Situationsansatz – und Antworten darauf". In: *Die Kindergartenzeitschrift* 31/2013. S. 1.

Vogel, Detlev (2019): „Banking Time – ein beziehungsorientierter Umgang mit auffälligem Verhalten". In: *Schweizerische Zeitschrift für Heilpädagogik 3/19*. S. 33-40.

Winnicott, Donald W. (1978): *Familie und individuelle Entwicklung*. München: Psychosozial-Verlag.

Über die Autorin

JUDITH METZ

- Jahrgang 1962
- Erzieherin und Expertin für den Hessischen Bildungs- und Erziehungsplan
- Leiterin einer integrativen Kindertagesstätte
- Referentin und Autorin für pädagogische Fachthemen
- Illustratorin mit der Methode Sketchnotes
- Mitarbeit in der Herausgeberkonferenz der *Praxis Kita*, ehemals *Die Kindergartenzeitschrift*

Nach dem Abitur im Jahre 1981 war mir schnell klar, dass mein späterer Beruf entweder etwas mit Kreativität oder mit der Entwicklung von Kindern zu tun haben sollte. Mir war damals noch nicht bewusst, dass beides eng zusammengehört. Wann immer ich mit Kindern zusammen war oder sie beobachtete, war ich fasziniert von ihrer Bereitschaft in Kontakt zu gehen, von ihrem vorbehaltlosem Begeisterungsvermögen, ihrem Einfallsreichtum und von der Ausdauer, mit der sie ihre Ziele verfolgen. Pädagogik ist auch heute noch mein Herzensthema, gleichzeitig gibt es in diesem Berufsfeld immer mehr Herausforderungen, denen wir kreativ begegnen müssen. Natürlich gebe ich und meine Kolleginnen und Kollegen unser Bestes, um Kinder und ihre Eltern zu ermutigen und zu unterstützen. Trotzdem fragen wir uns häufig, ob das auch genug ist. Ich habe keine Kristallkugel, die mir verrät, was die Zukunft bereithalten wird. Auf welche Zukunft wir die Kinder vorbereiten müssen. Welche Fähigkeiten und Kompetenzen sie brauchen, um zu glücklichen erfolgreichen Erwachsenen heranzureifen. Ich bin überzeugt davon, dass bestimmte Schlüsselkompetenzen, wie soziale und emotionale Kompetenzen, Problemlösungskompetenzen, Resilienz und kreatives Denken eine immer größere Rolle spielen werden. Die Chance von Schlüsselsituationen, wie das tägliche Begrüßen und Verabschieden in der Kita, müssen aufgegriffen, pädagogisch gestaltet und reflektiert werden. Neben meiner Arbeit als Kita-Leiterin, Fortbildnerin, Autorin und Illustratorin, gehört meine Liebe und Zuneigung meiner Familie und meinen Freundinnen und Freunden. Sie sind mein Hafen und meine Kraftquelle.

Danksagung

Jetzt ist es fertig – mein erstes Fachbuch. Ich bin gespannt, wie es bei Ihnen, liebe Leserinnen und Leser, ankommt. Zeit, Danke zu sagen – an alle Mutmacher und Mutmacherinnen, die mich bei diesem Abenteuer begleitet und unterstützt haben. An erster Stelle danke ich Margit Franz, die ich vor vielen Jahren als Fortbildnerin und Autorin kennen lernen durfte. Sie hat mich von Anfang an mit ihrer kindzentrierten und wertschätzenden Haltung beeindruckt. Sie war und ist ein Vorbild für mich. Uns verbindet heute nicht nur das gemeinsame Thema Pädagogik, sondern auch eine wertvolle und erfrischende Freundschaft, die ich nicht missen möchte. Danke auch an Kai-Uwe, meinen Mann, Freund und Wegbegleiter, der mir zu Beginn meiner ersten Schritte in die Welt der Autorenschaft ein Bild geschenkt hat, auf dem steht: „Große Dinge beginnen oft ganz klein!" und mich immer unterstützt und ermutigt. Das gilt auch für meine Kinder Anika und Lisa, die stets an mich glauben und mich bestärken.

Ein herzliches Dankeschön geht auch an die verantwortliche Redakteurin Myriam Bork für ihre Begleitung, Geduld und Unterstützung. Ja, und dann sage ich noch allen Kolleginnen und Kollegen in den Kindertageseinrichtungen ein herzliches Dankeschön für ihr tägliches Engagement für jedes einzelne Kind und ihre Familien.

Zu guter Letzt bedanke ich mich noch bei Ihnen, liebe Leserinnen und Leser. In der heutigen Zeit ist es leider nicht mehr selbstverständlich, ein Fachbuch in die Hand zu nehmen, es zu lesen und sich damit mit der eigenen pädagogischen Haltung auseinanderzusetzen.